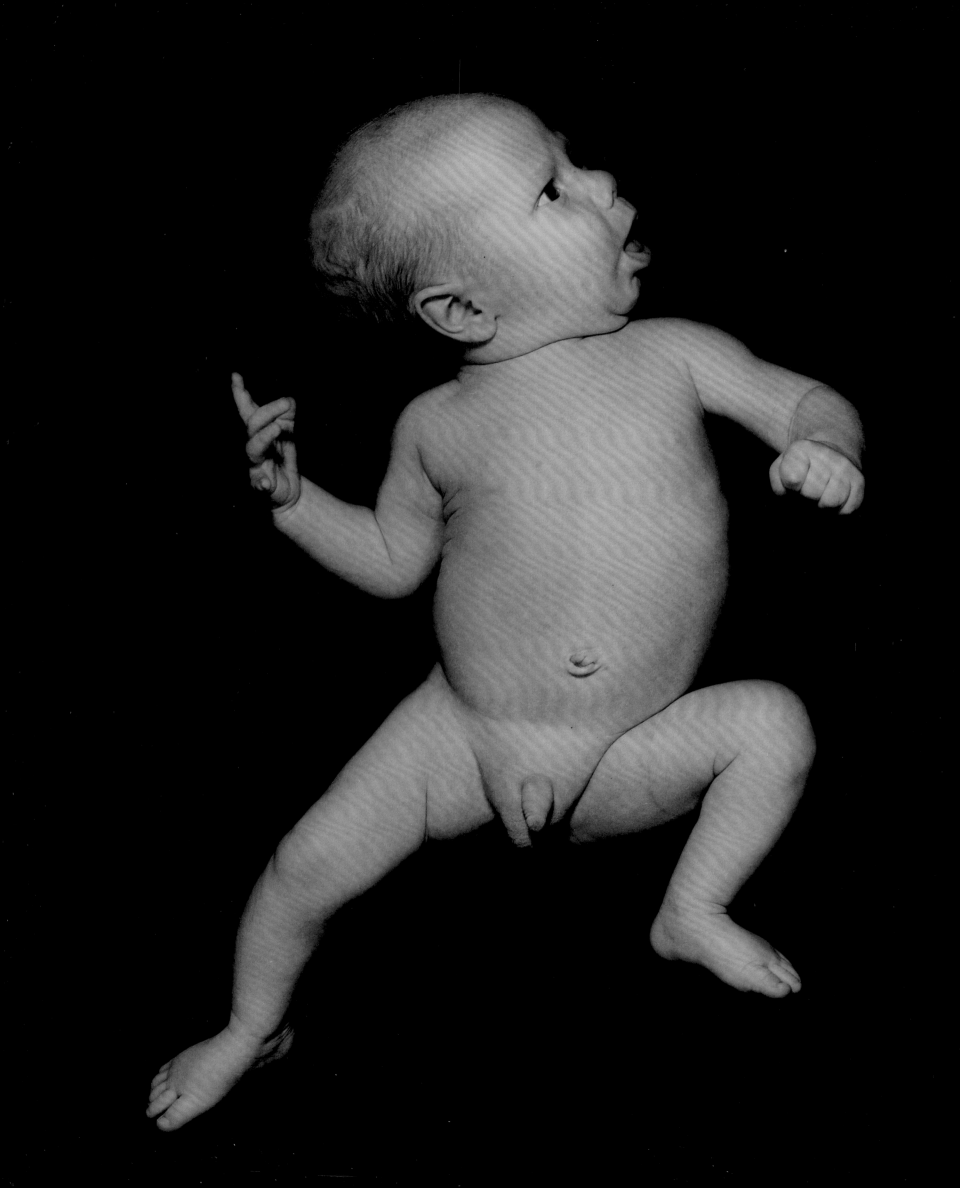

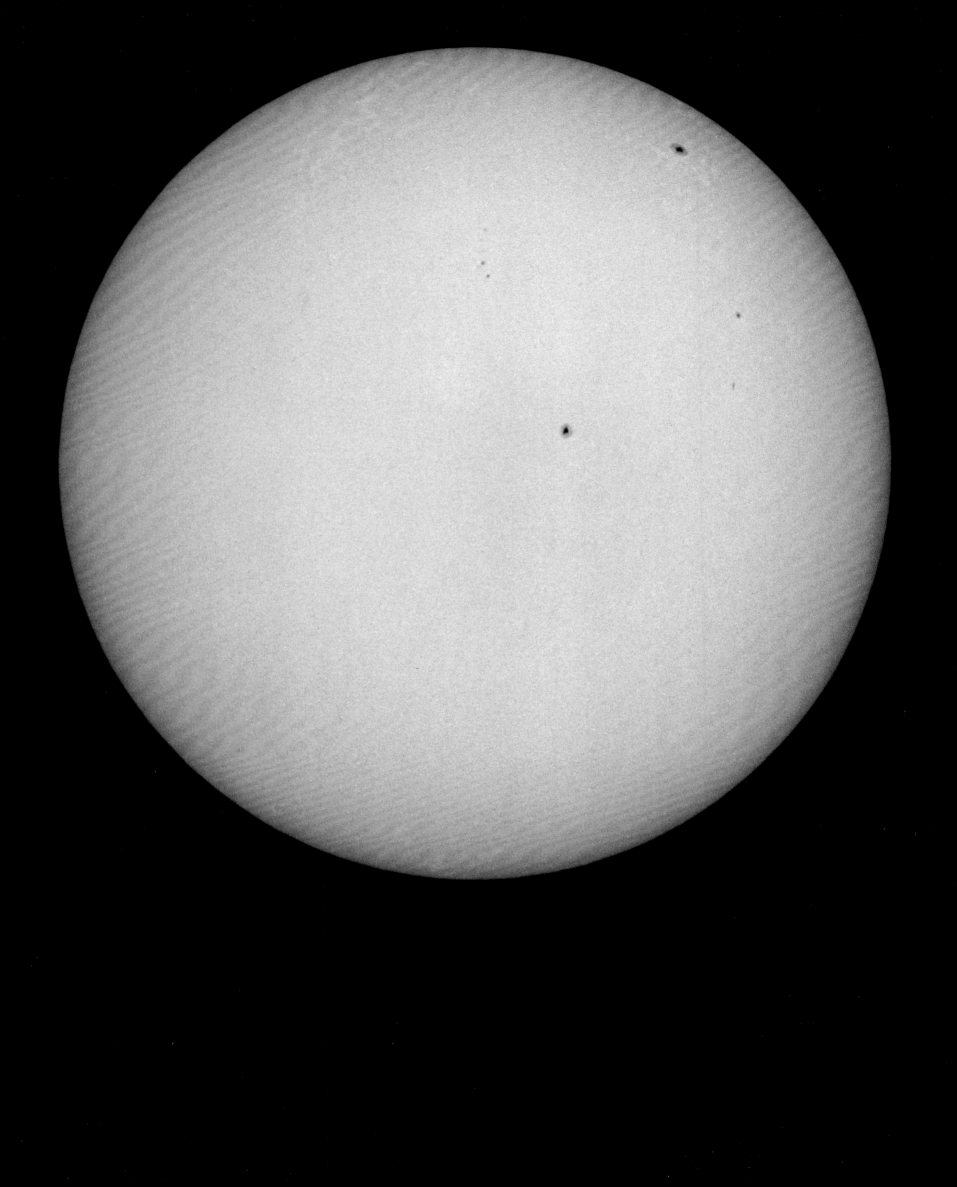

RAINER LEITZGEN

Edition Braus

1399

Diese erste Ausgabe von RAINER LEITZGEN, 1399
ist limitiert auf 2000 Exemplare; davon sind
100 signiert und numeriert.

Konzeption und Gestaltung: Rainer Leitzgen
© 1990 bei Rainer Leitzgen, Rösrath, geboren 1961

Druck: Triplex, durch Brausdruck, Heidelberg
Lithografie: O.R.T., Kirchner & Graser, Berlin
Satz: TypoBach, München
Buchbinderische Verarbeitung: Siegloch, Künzelsau
Alle Rechte, auch die des auszugsweisen
Nachdrucks und die der fotomechanischen
Wiedergabe, sind vorbehalten.
ISBN: 3–925835–96–2
Eine Edition Braus Produktion, Heidelberg.

Im Jahre 1399/1400 wurde der flämische Maler Rogier van der Weyden geboren. Seine Bilder, größtenteils Auftragsarbeiten mit religiösen Motiven, sind stellvertretend für die Malerei der späten Gothik und frühen Renaissance.

Stellvertretend auf mehreren Ebenen; denn die Malerei der damaligen Zeit war in sich eine stellvertretende Malerei. Bei der Abbildung biblischer Figuren und Szenen durfte es ihr nicht um das – von der christlichen Lehre untersagte – Zeigen von Persönlichkeiten mit individuellen Charakterzügen gehen; die Darstellung des Gesichts der Maria etwa musste zwar konturiert, gleichzeitig jedoch völlig abstrakt die reine Vorstellung eines charaktervoll-charakterlosen „Antlitzes" verwirklichen: einen Nullpunkt des Ausdrucks. Diesen Nullpunkt mit den Mitteln der Fotographie zu finden – das ist das Ziel meiner Arbeit.   Rainer Leitzgen

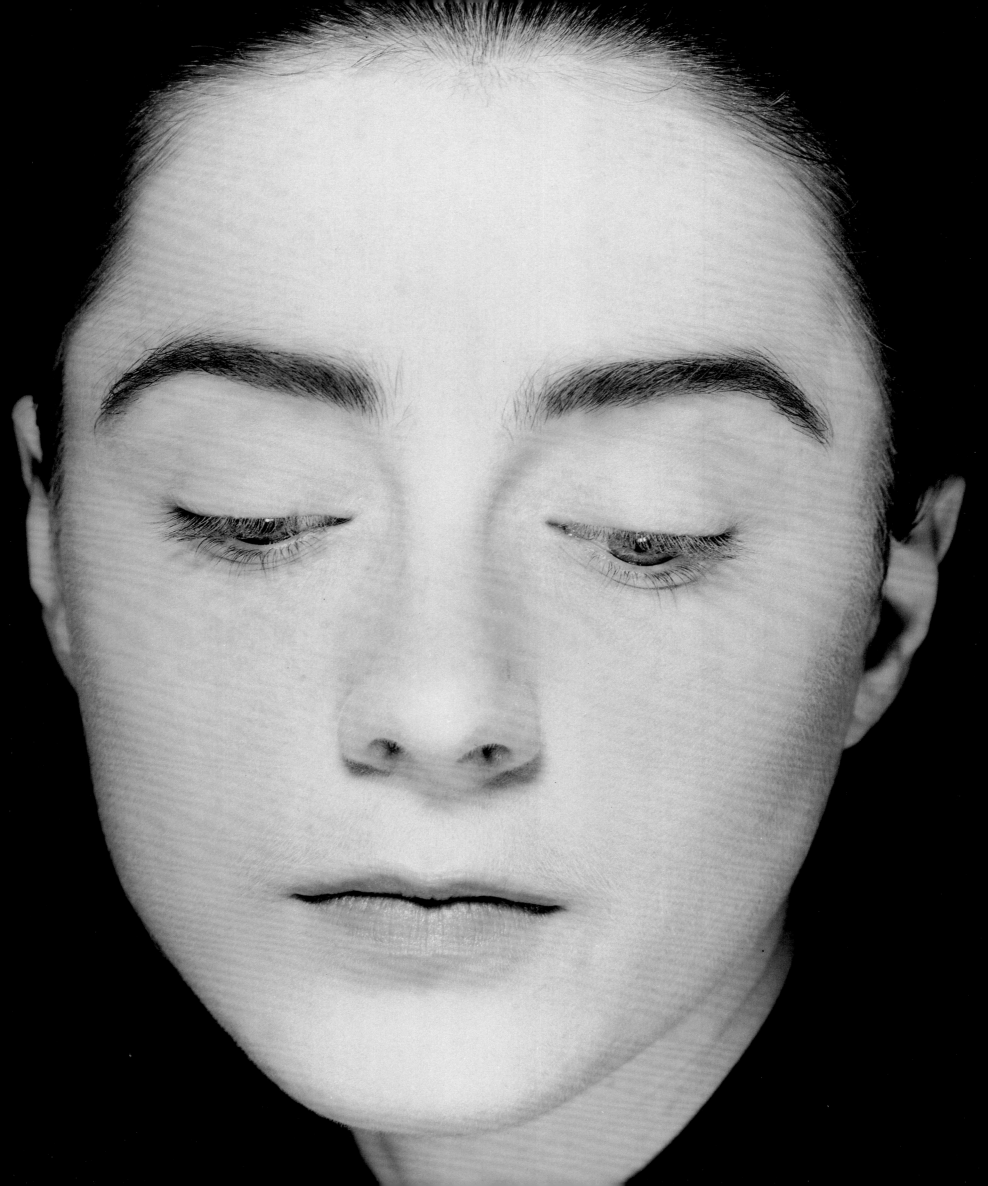

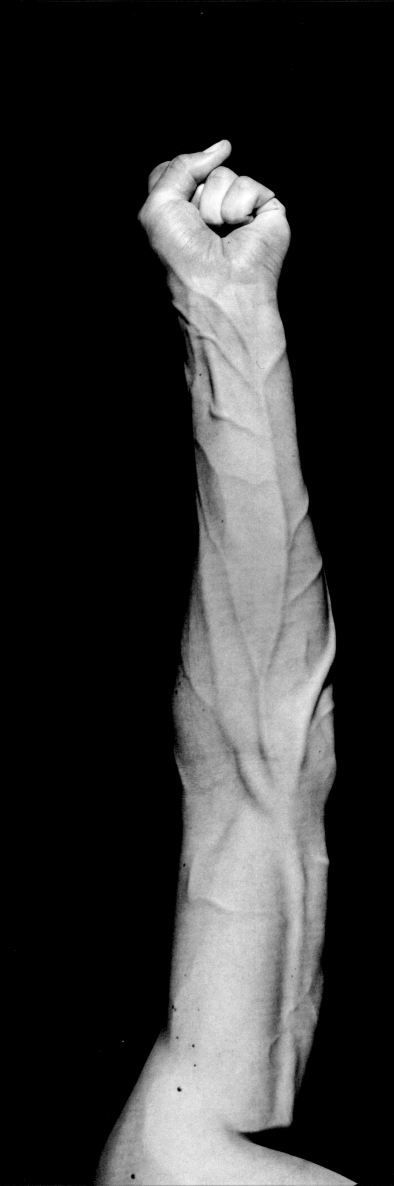

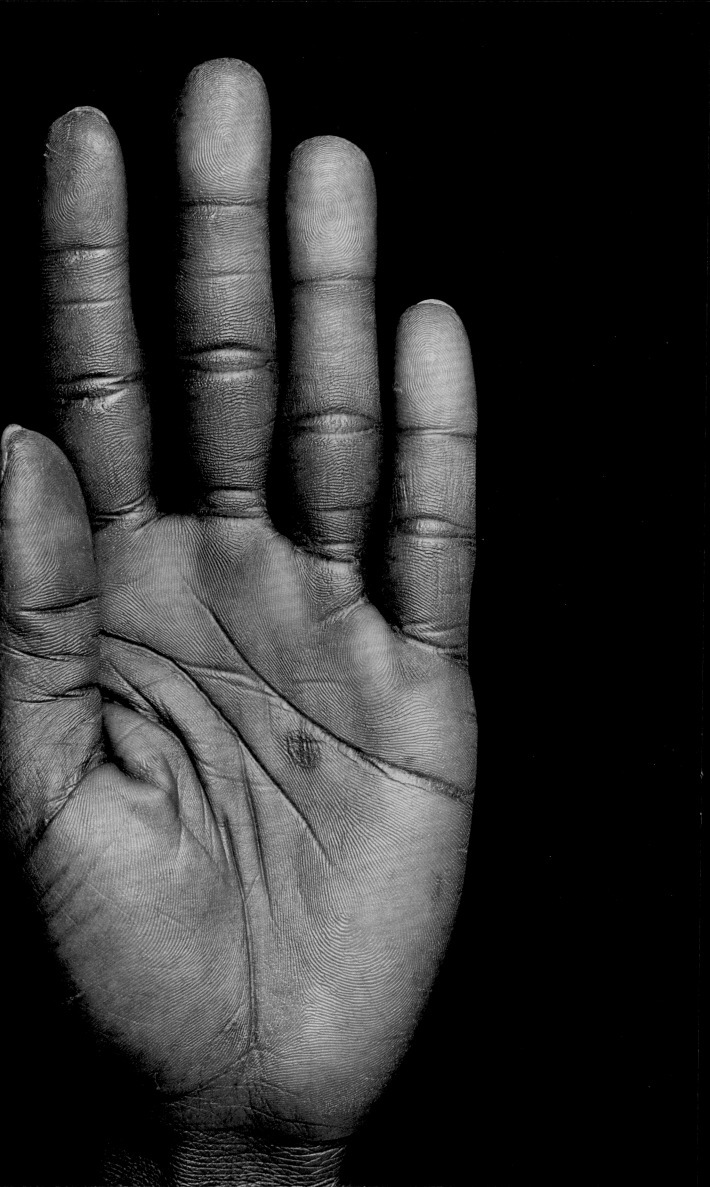

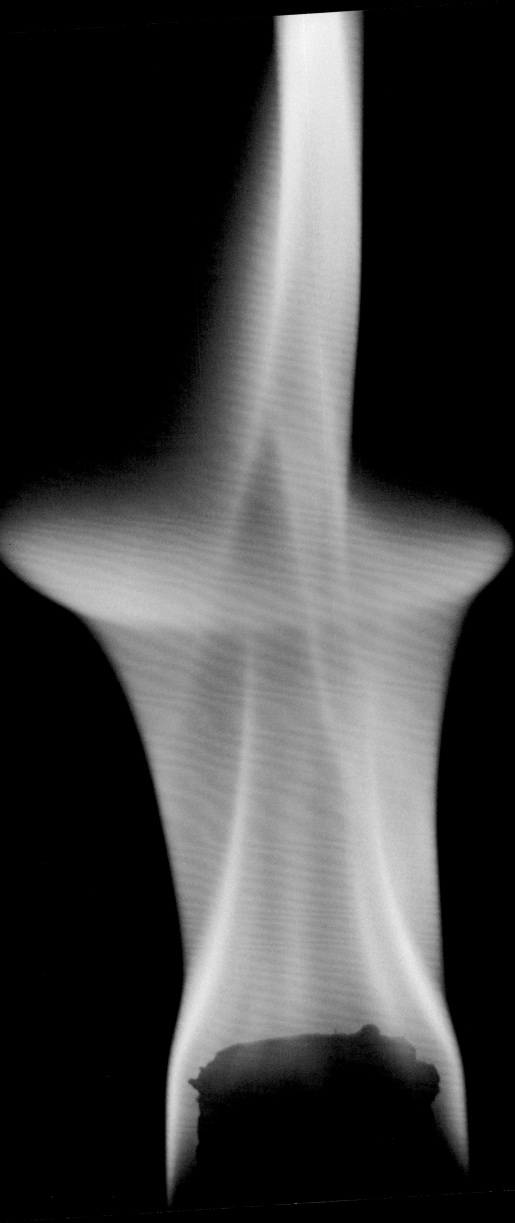

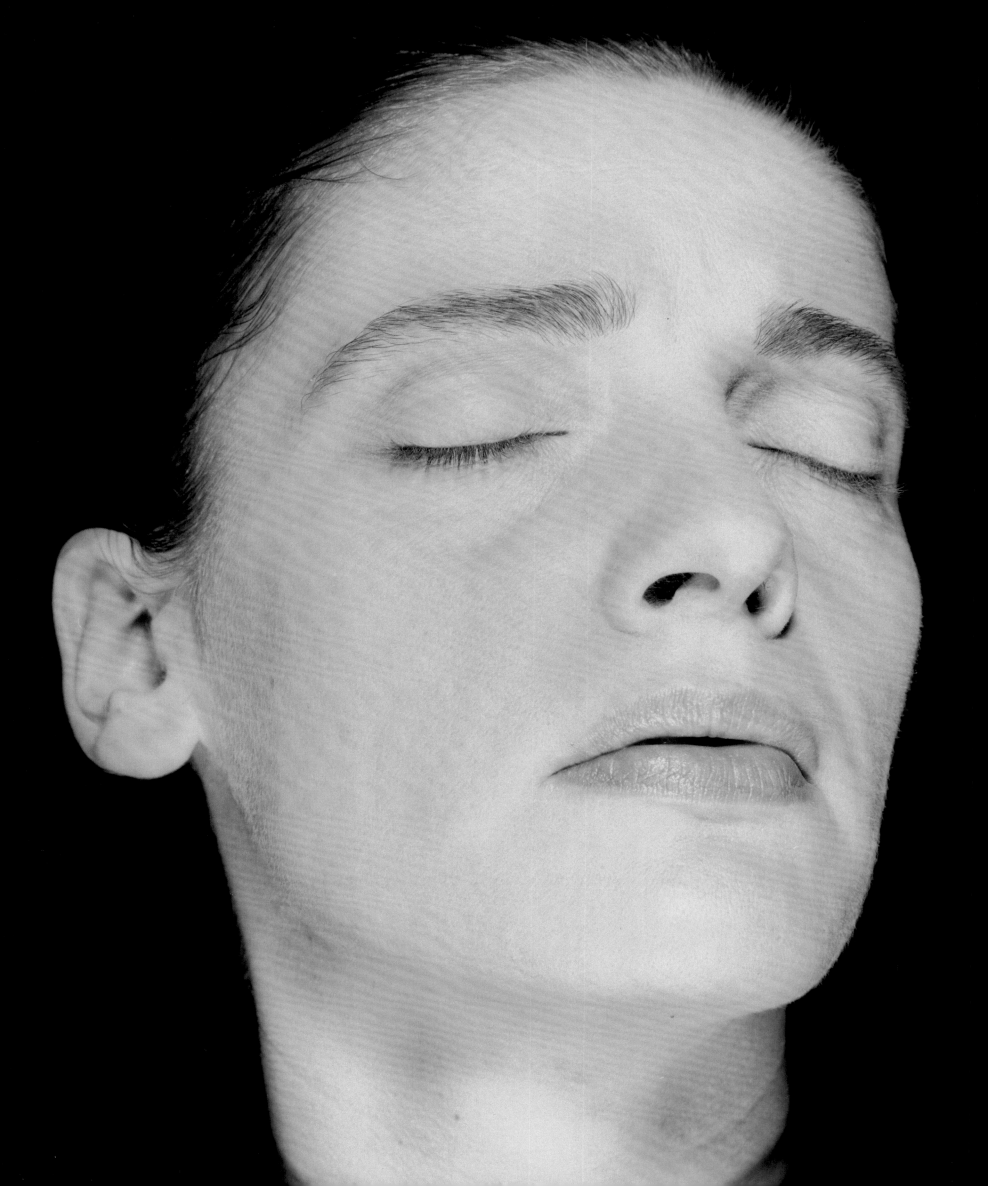

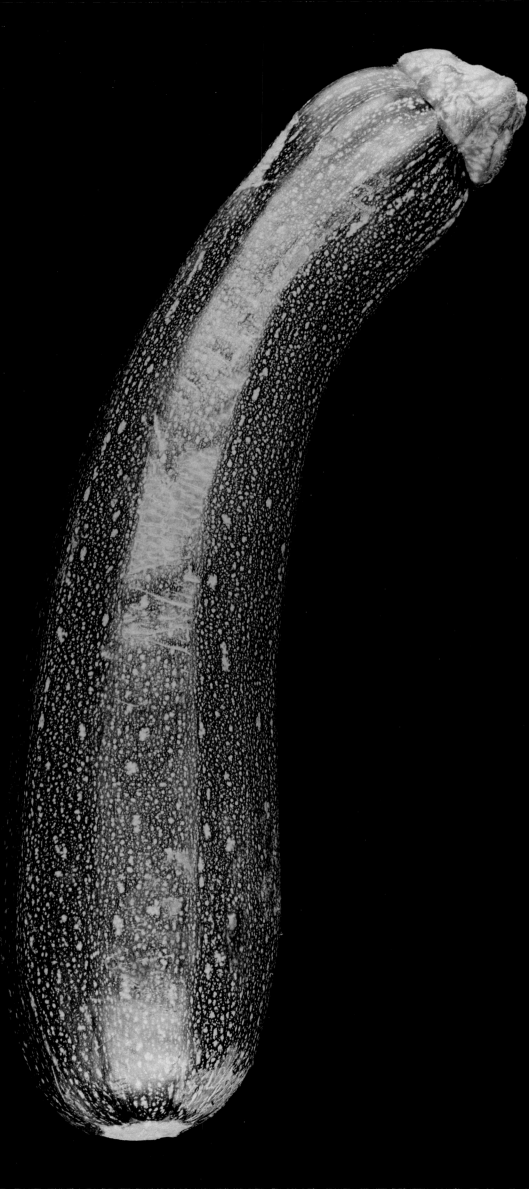

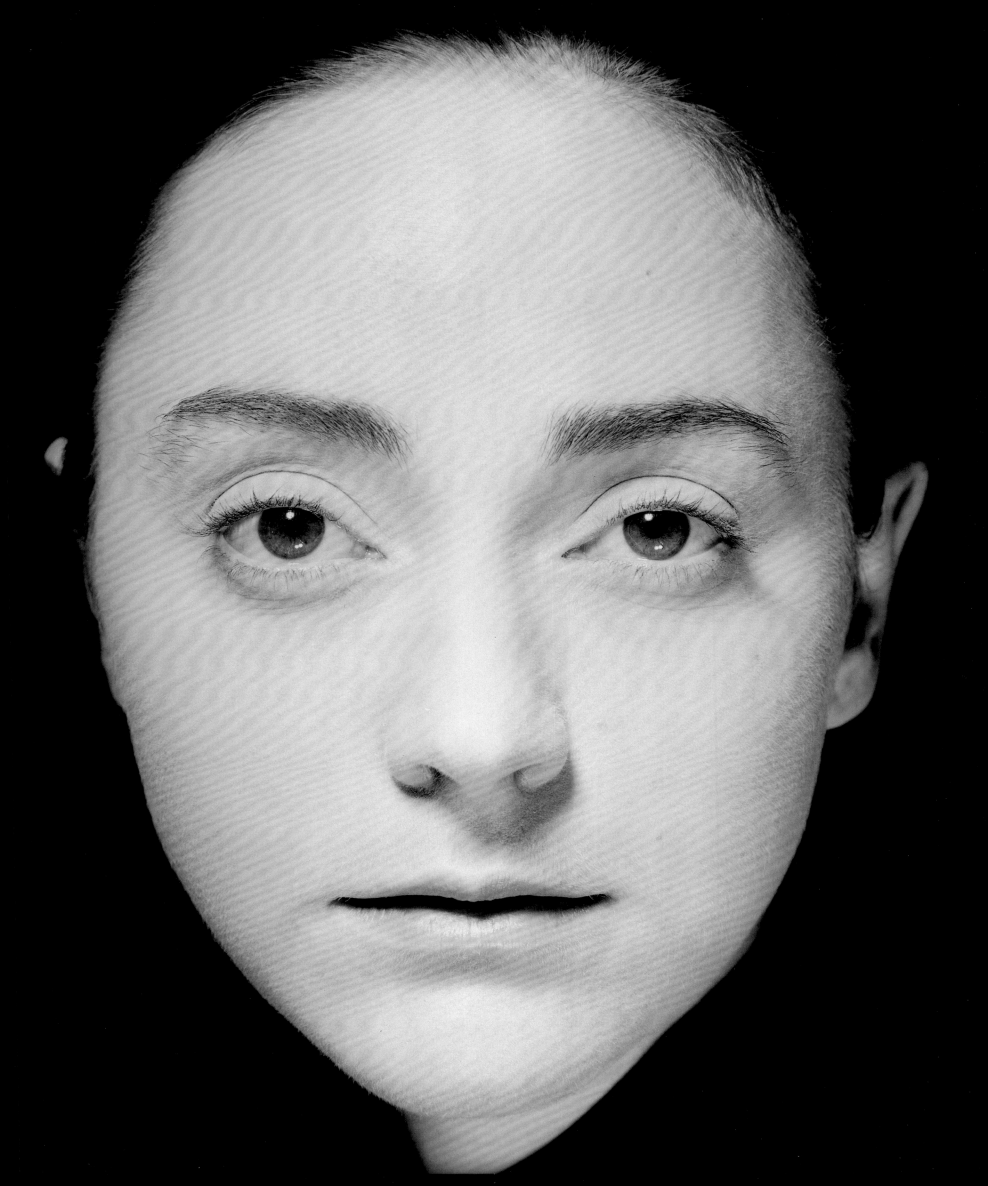

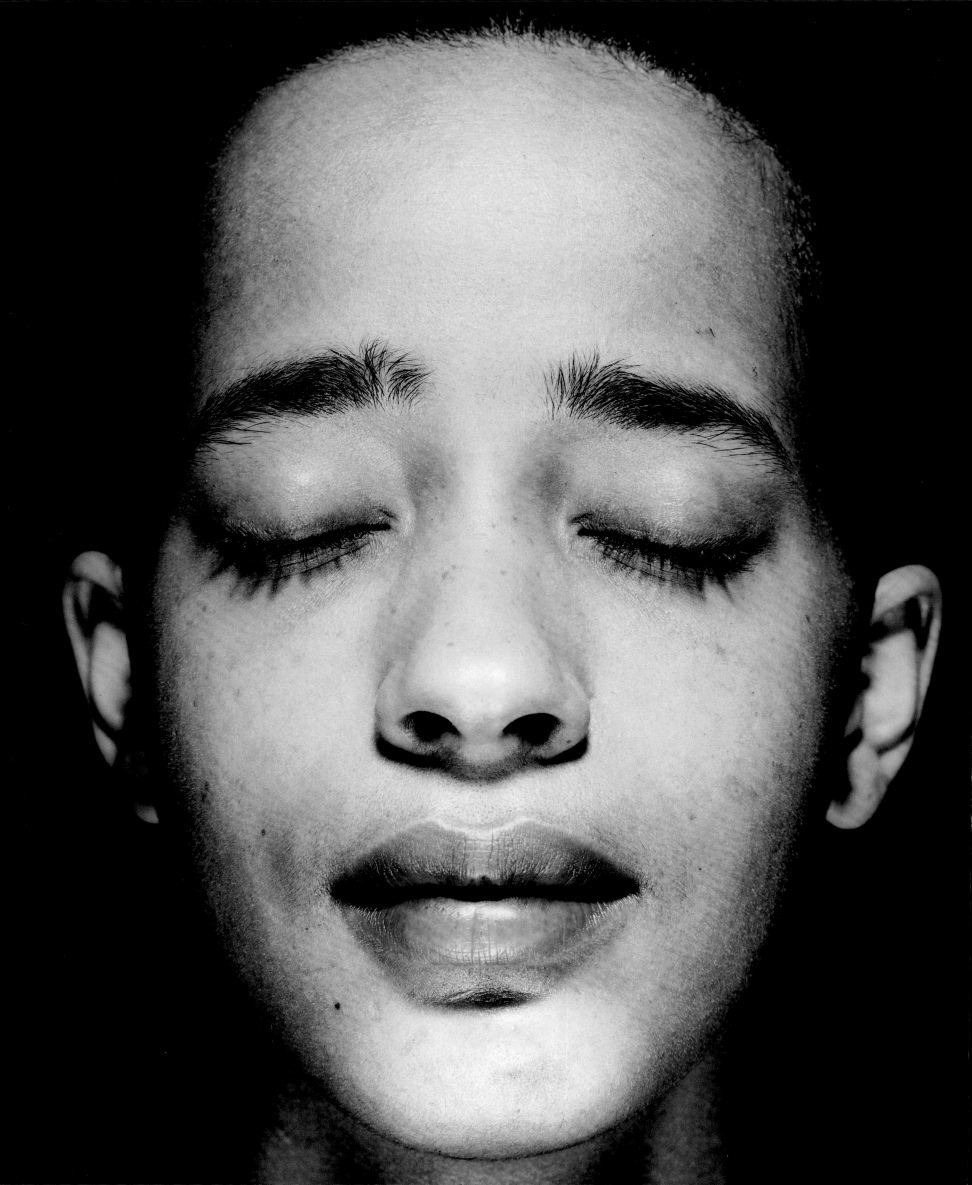

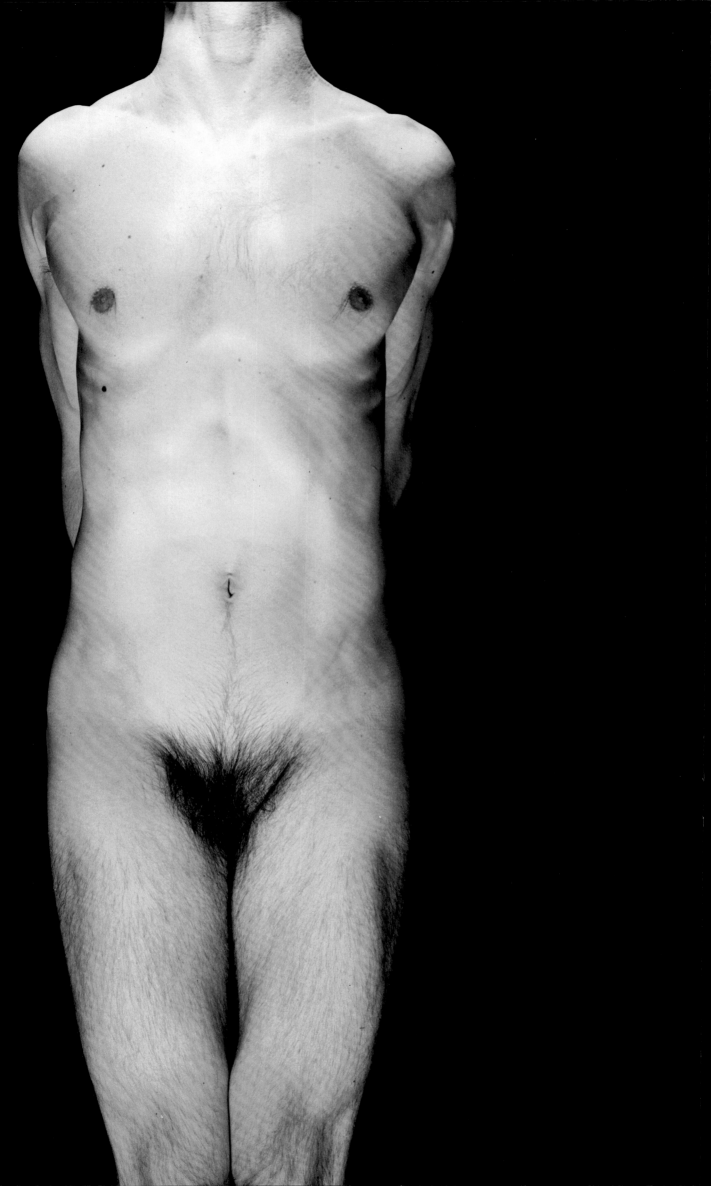

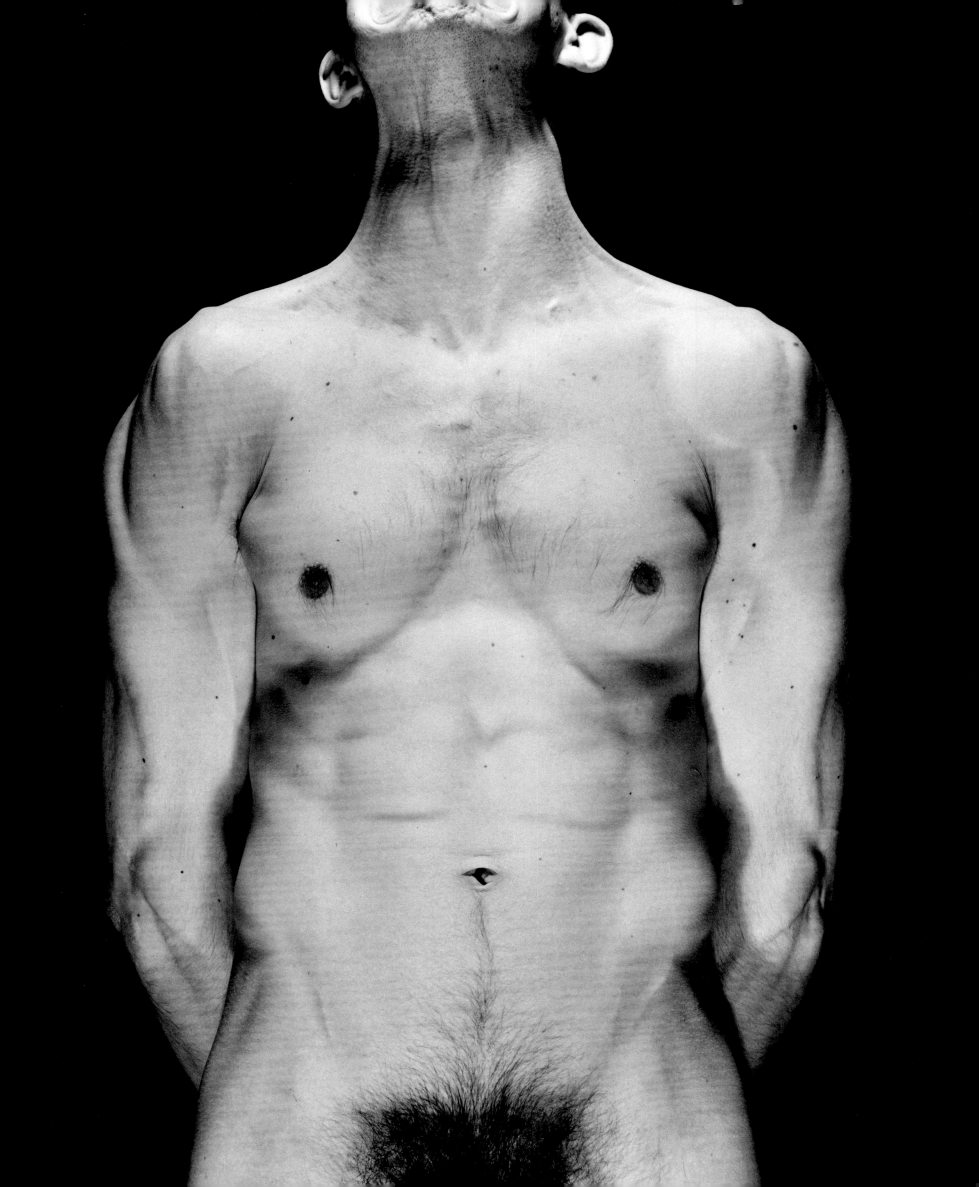

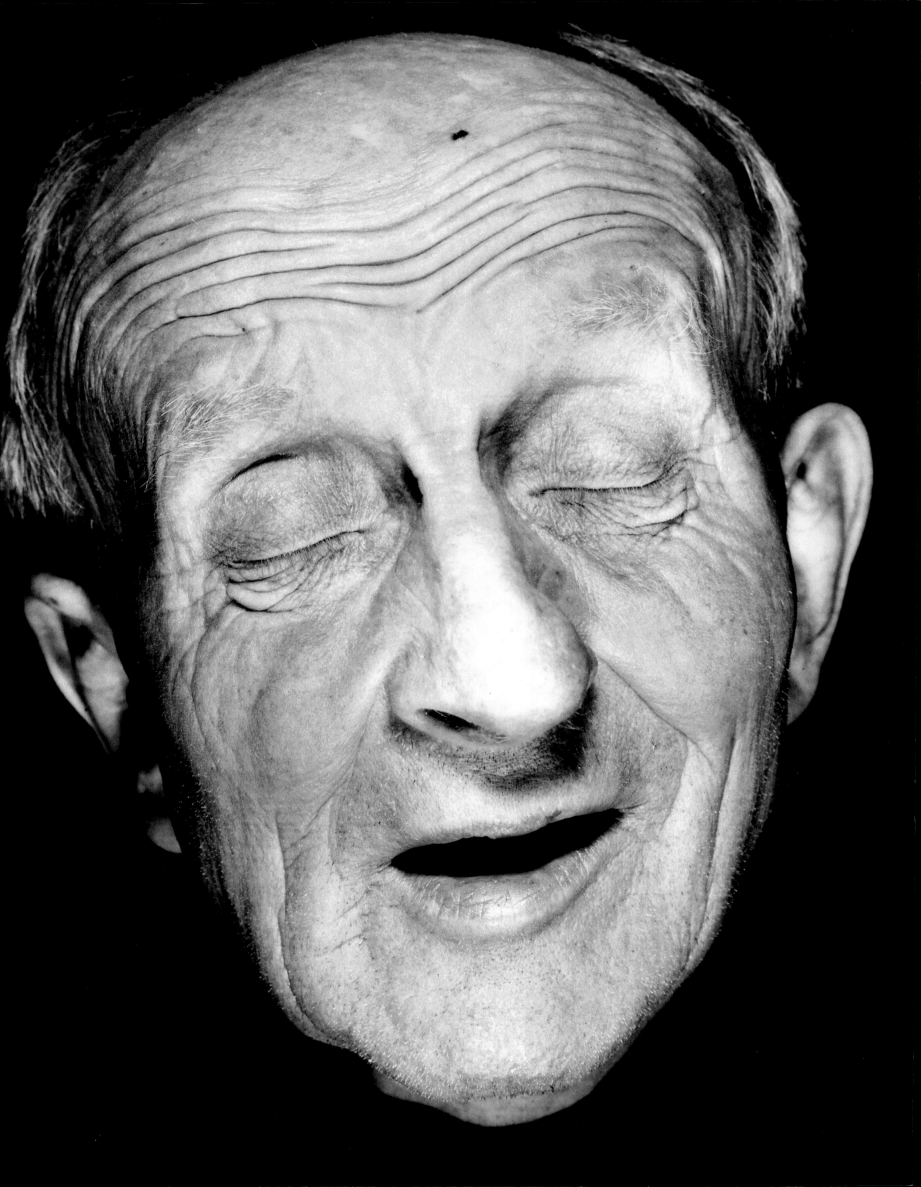

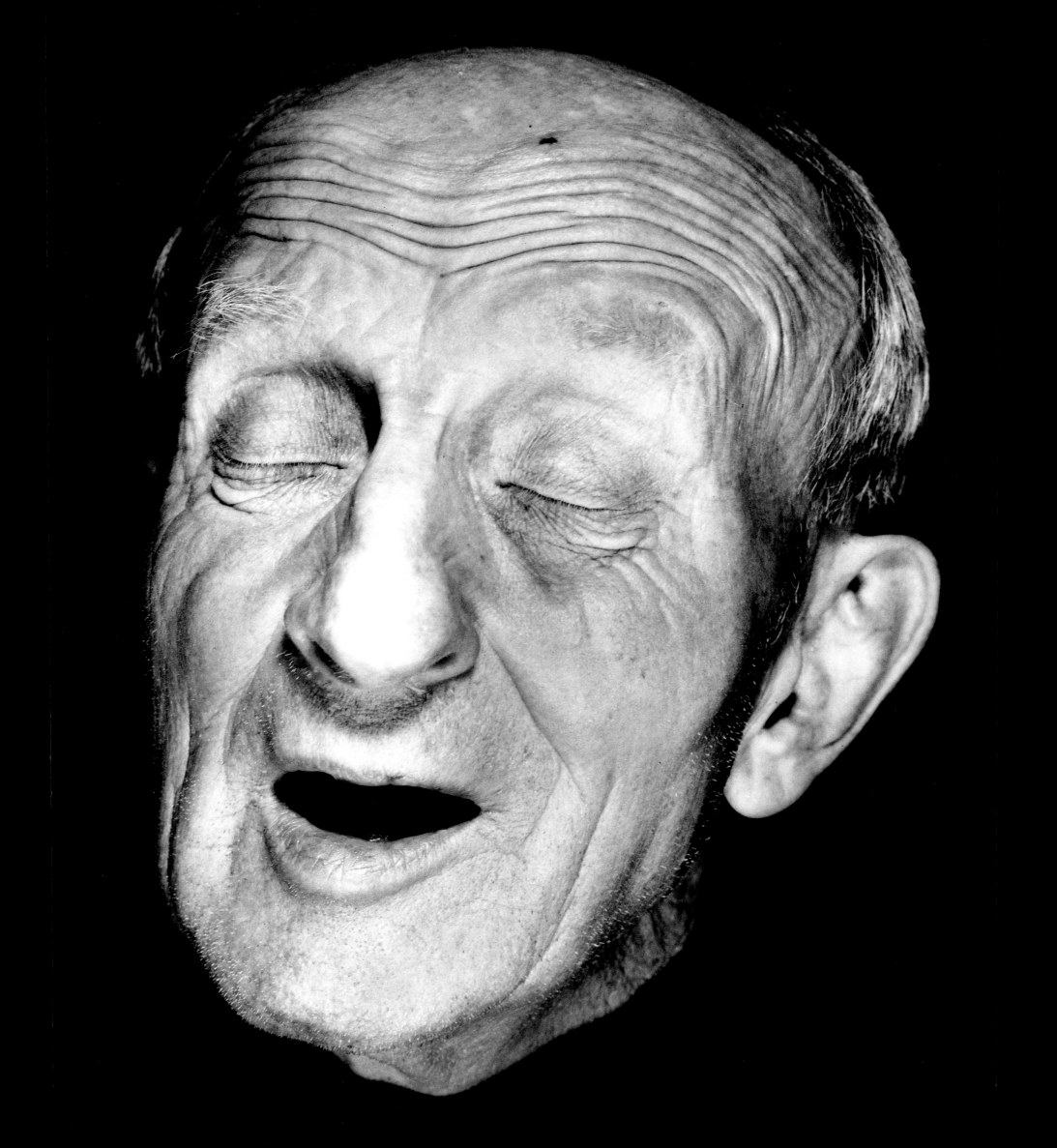

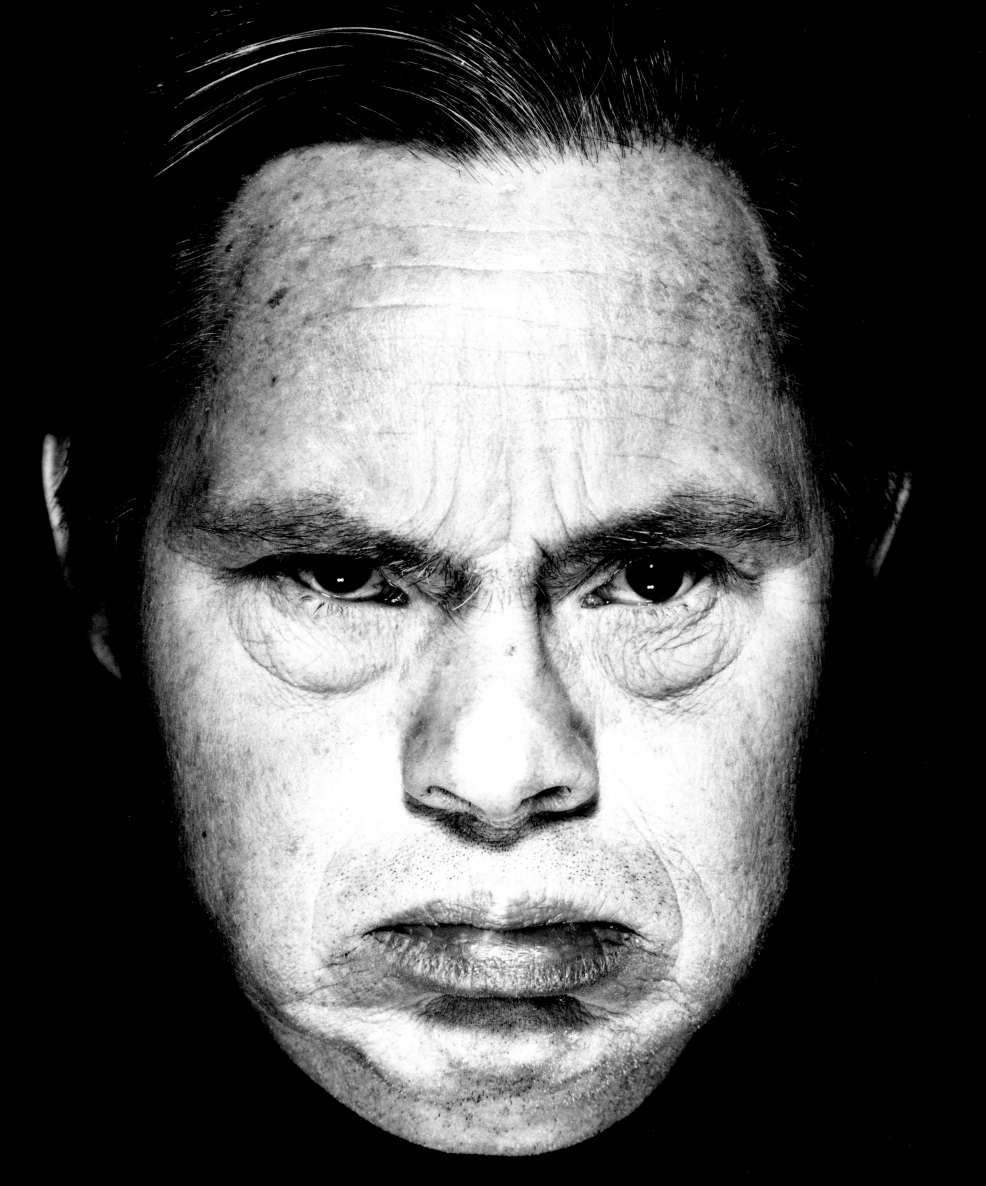

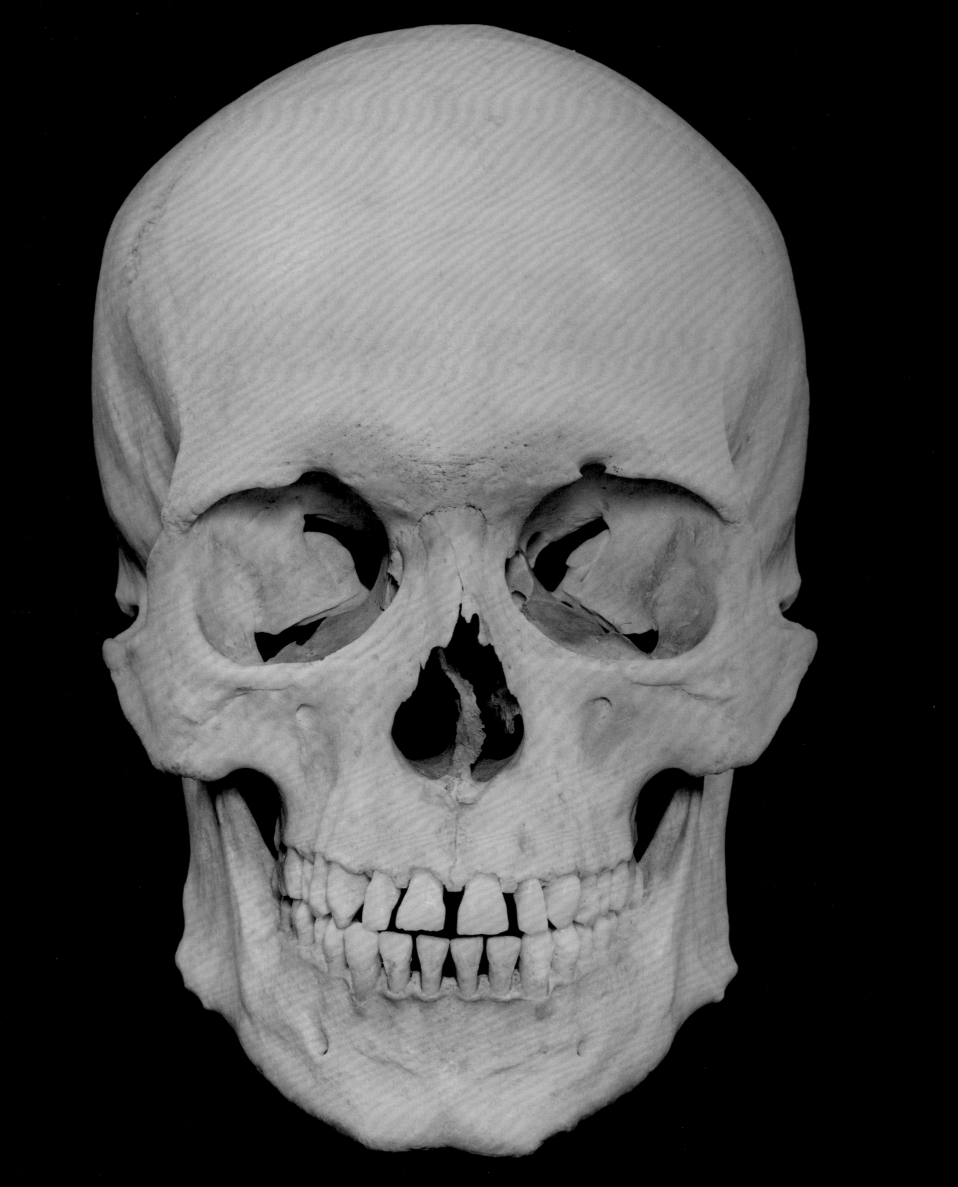

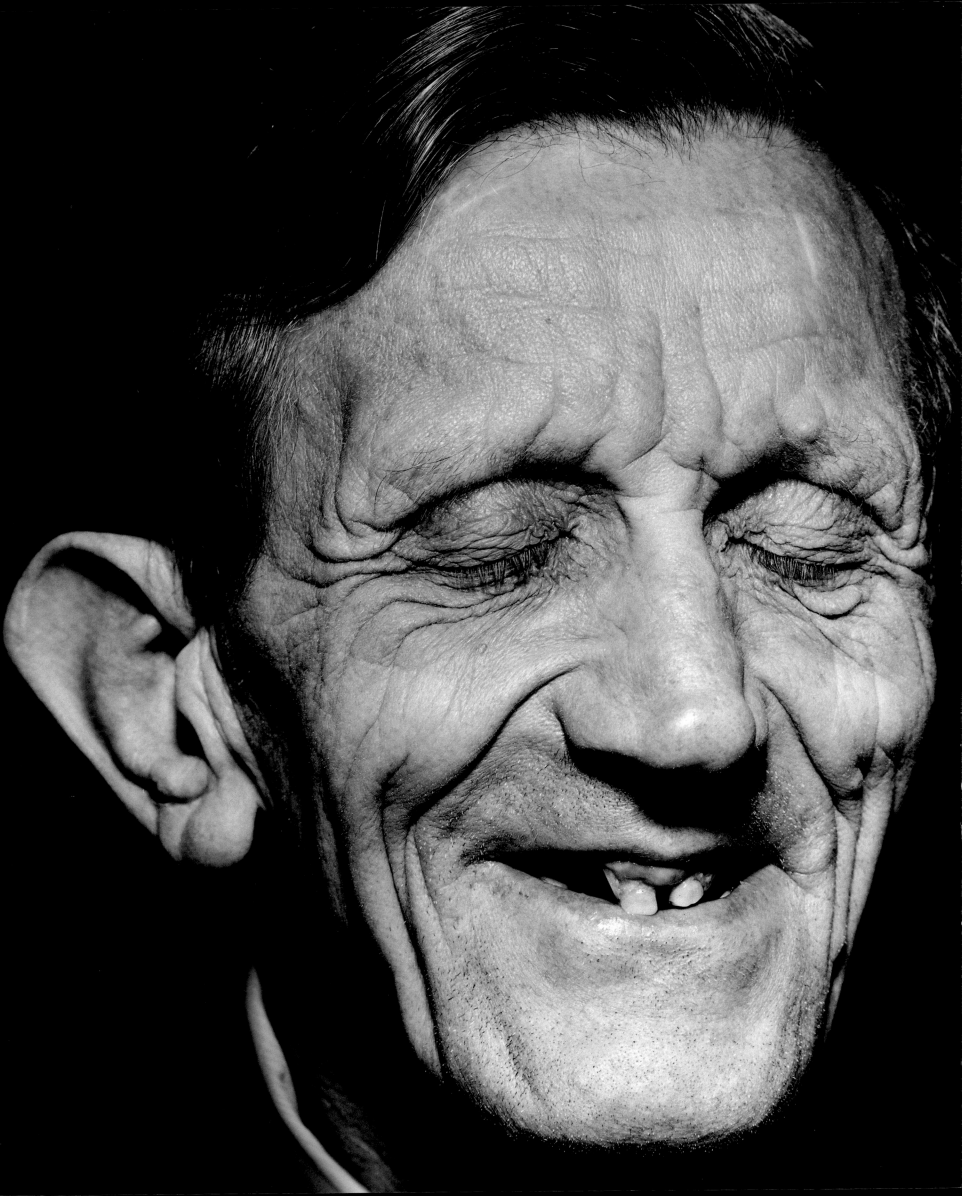

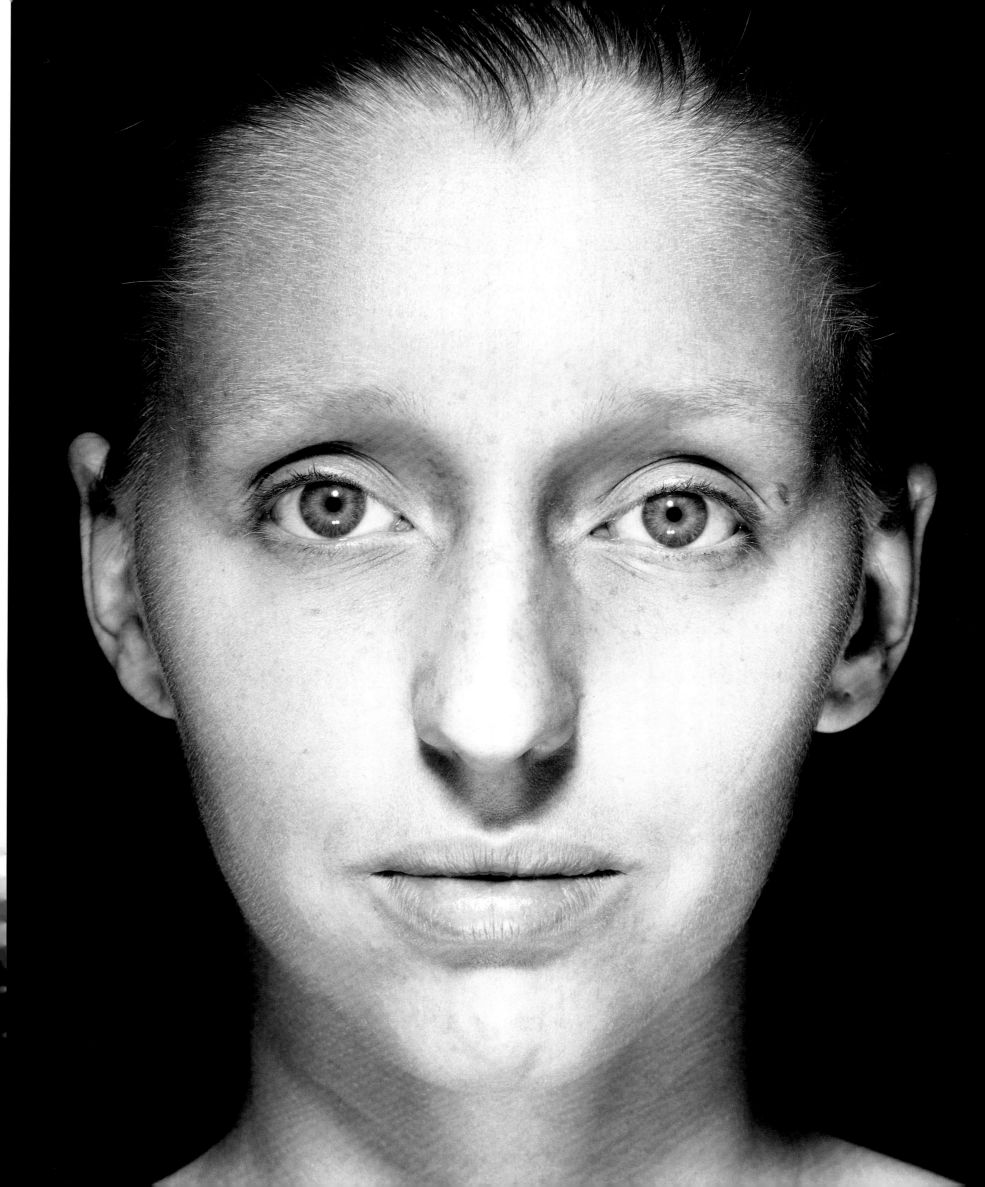

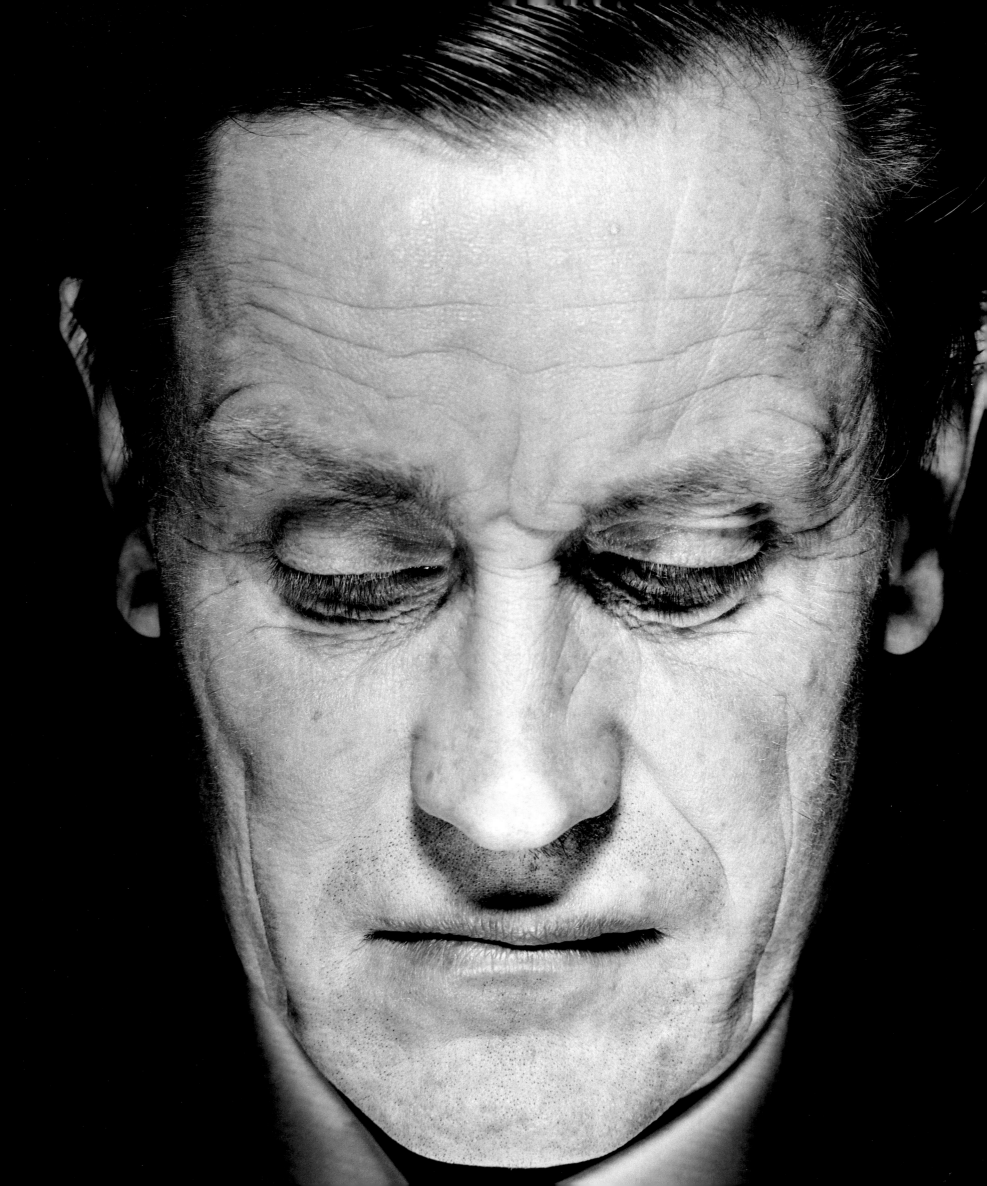

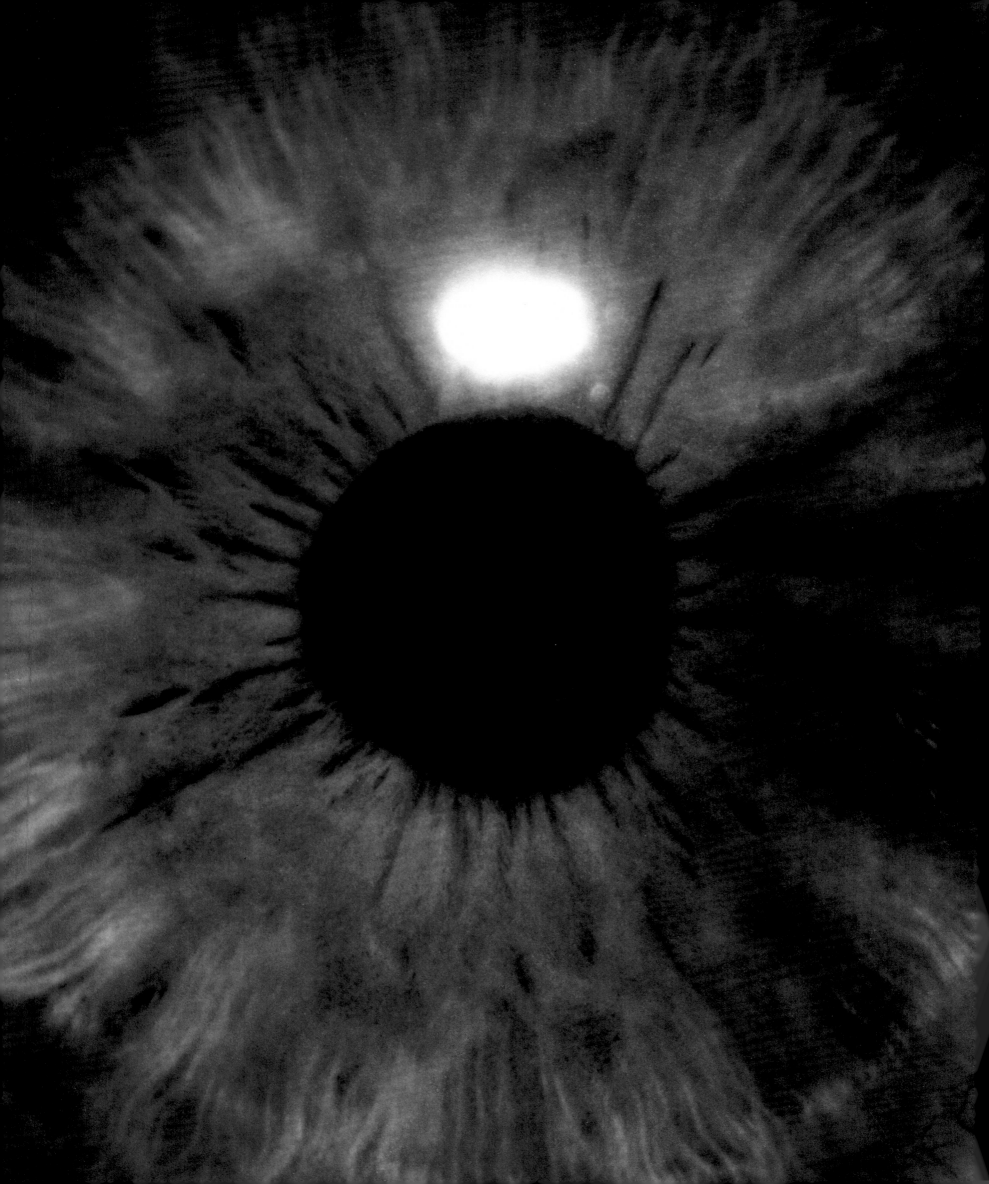

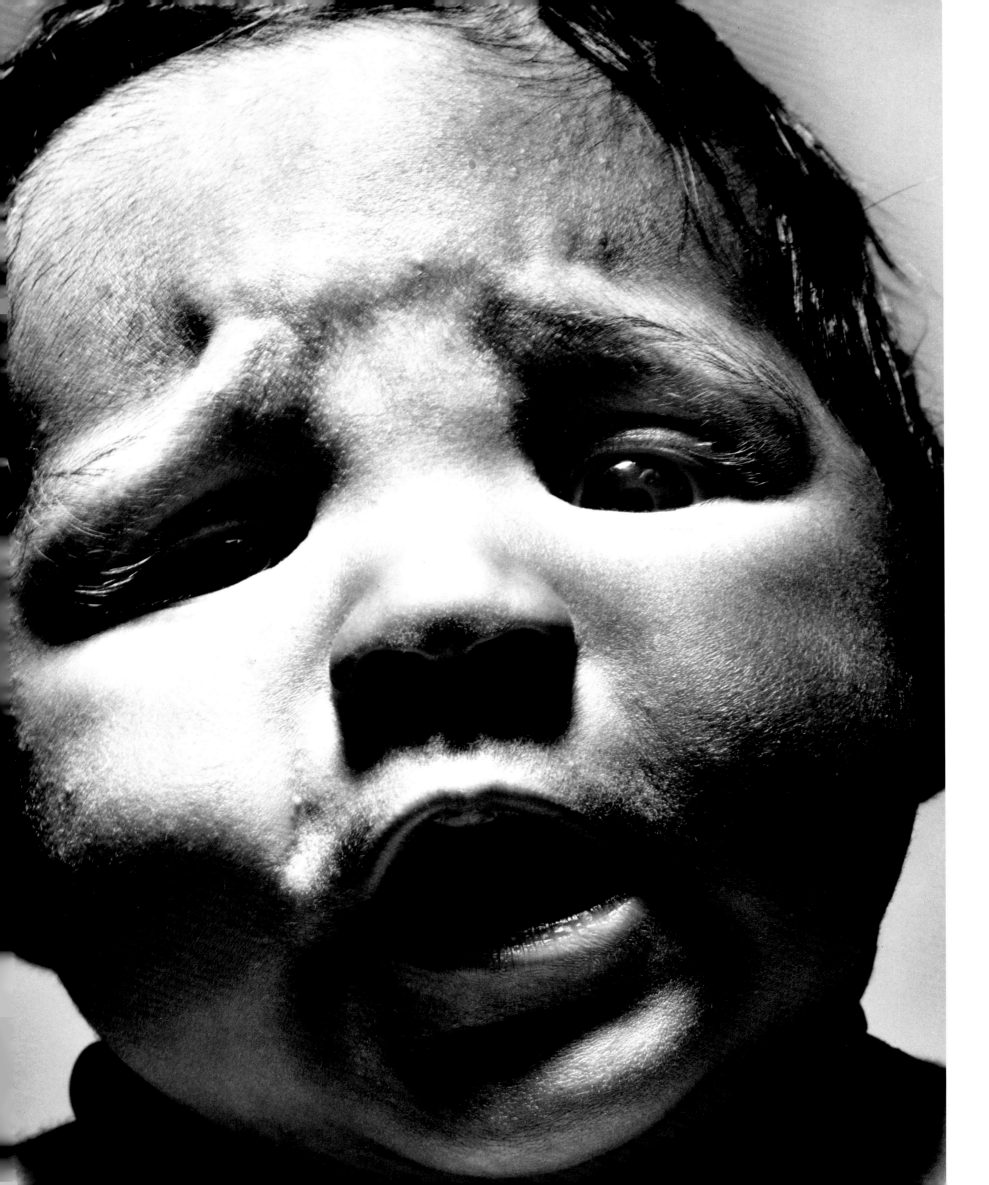

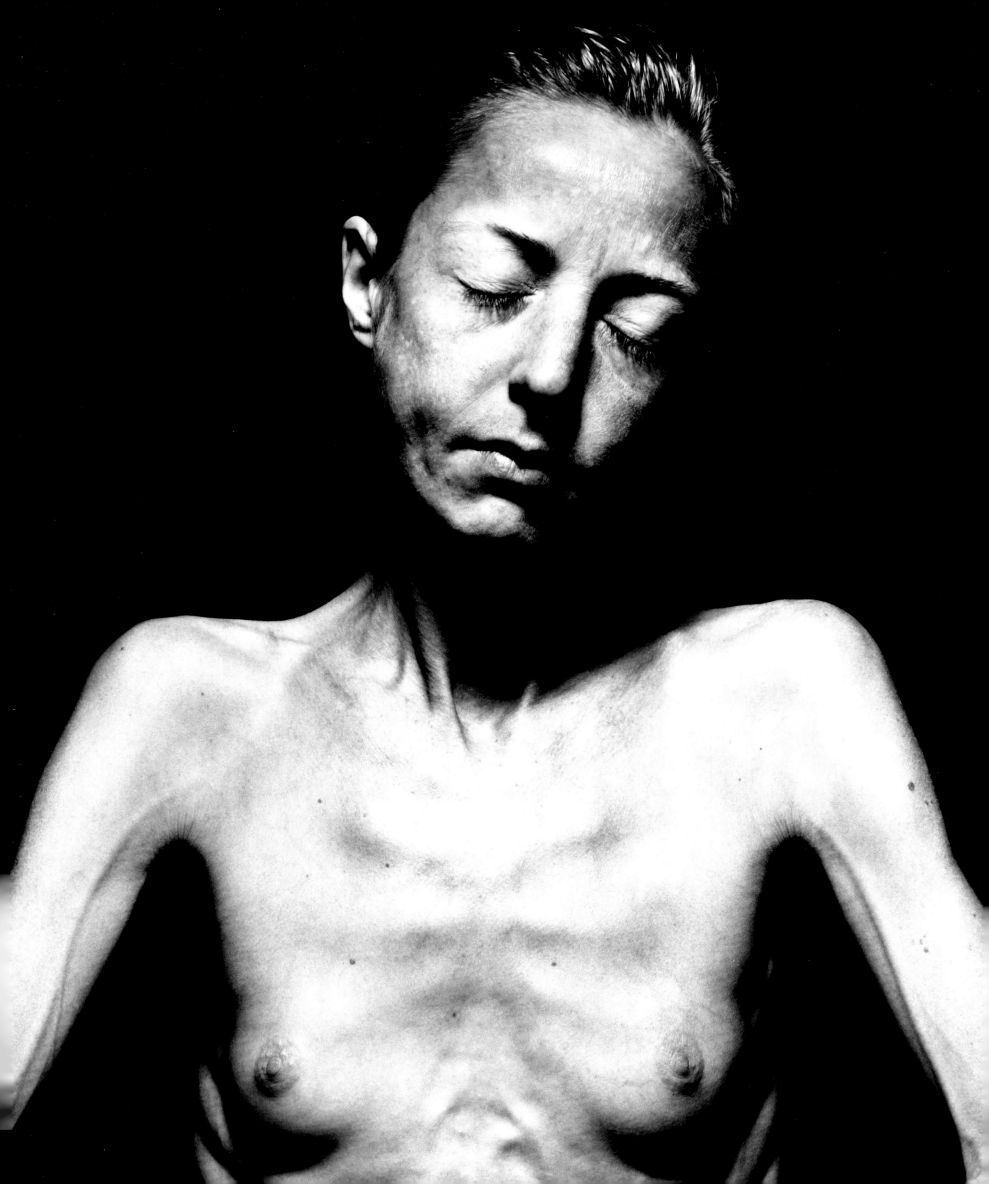

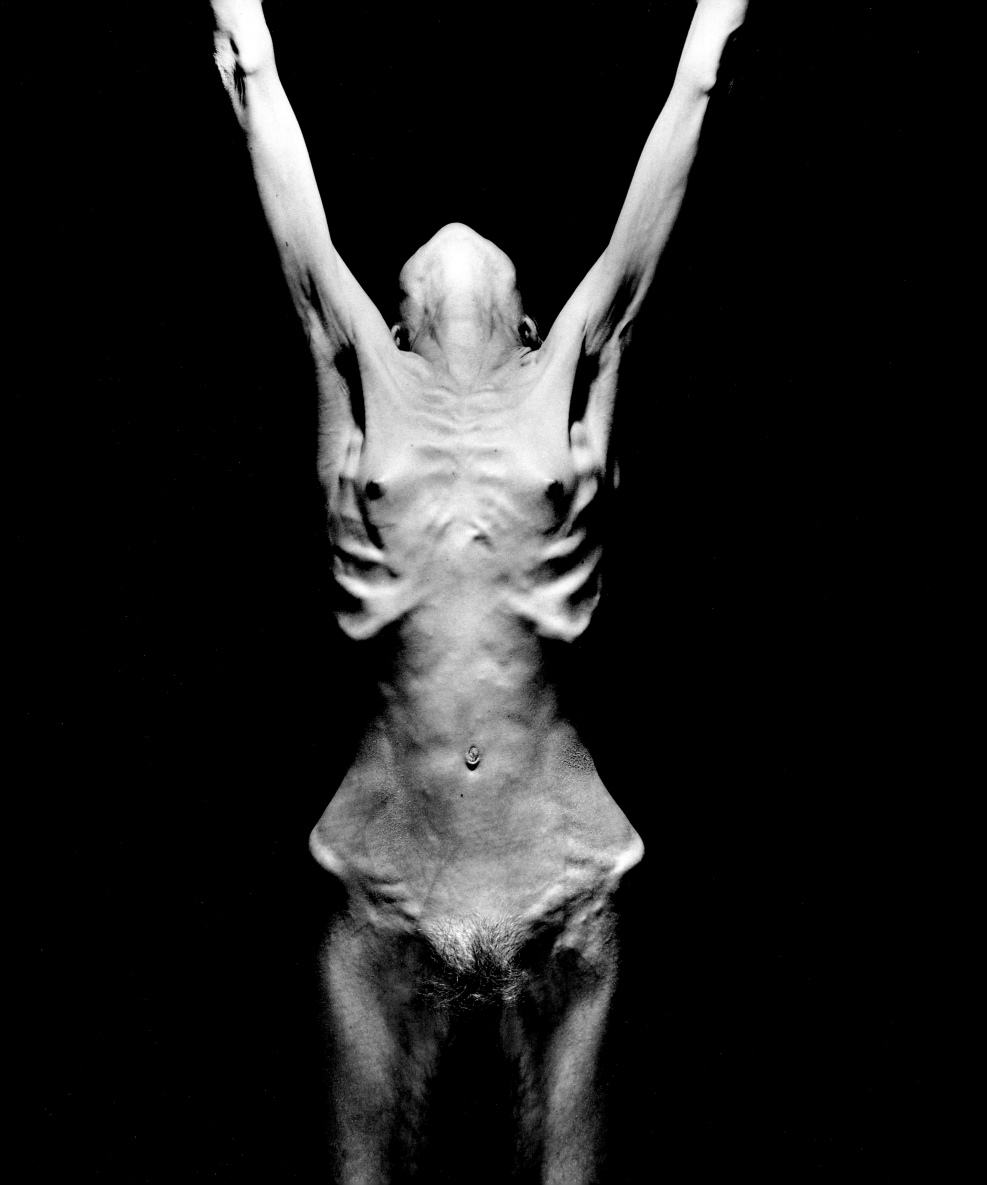

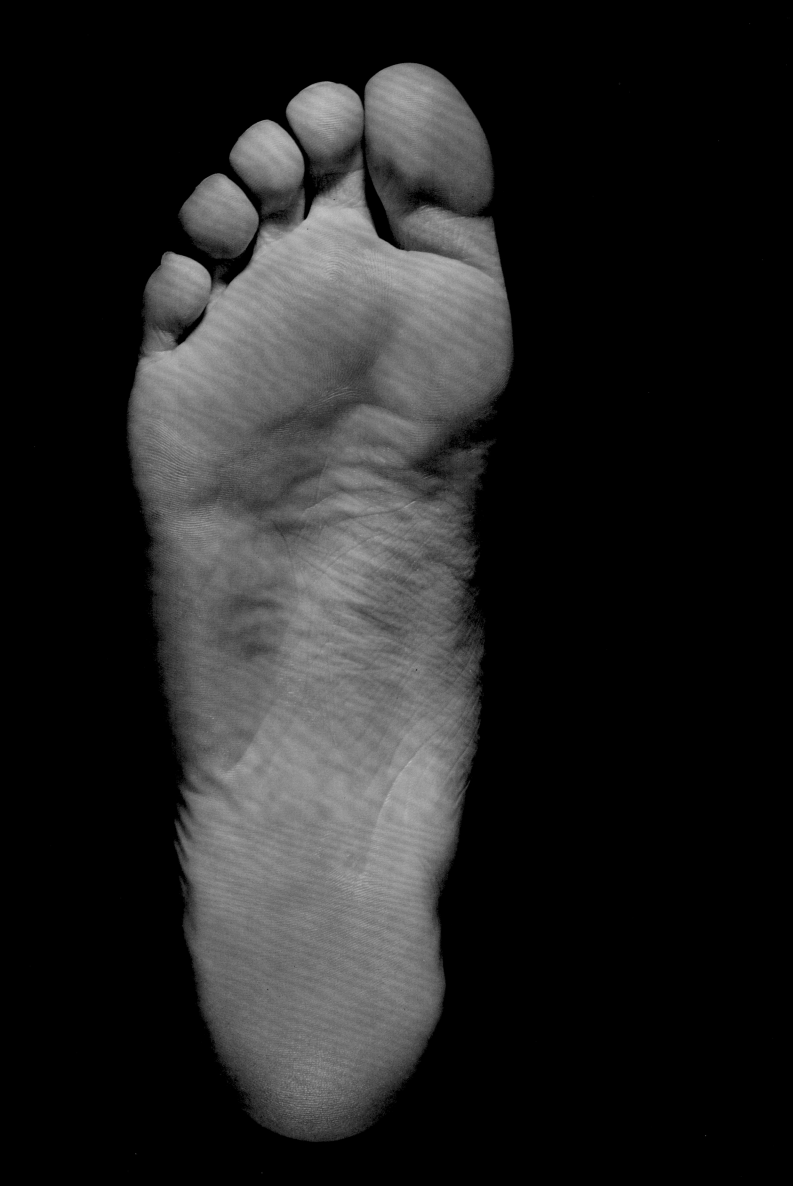

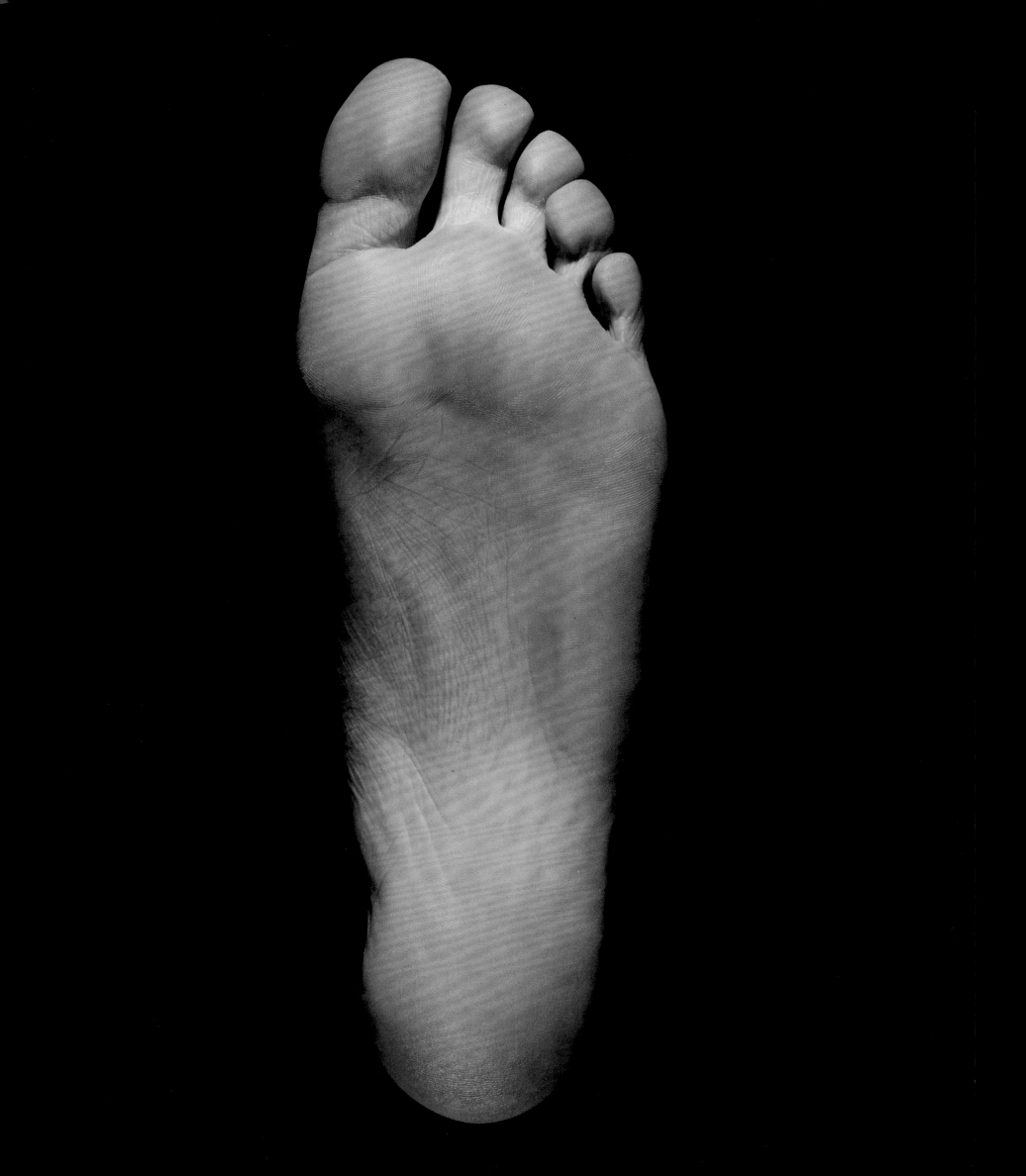

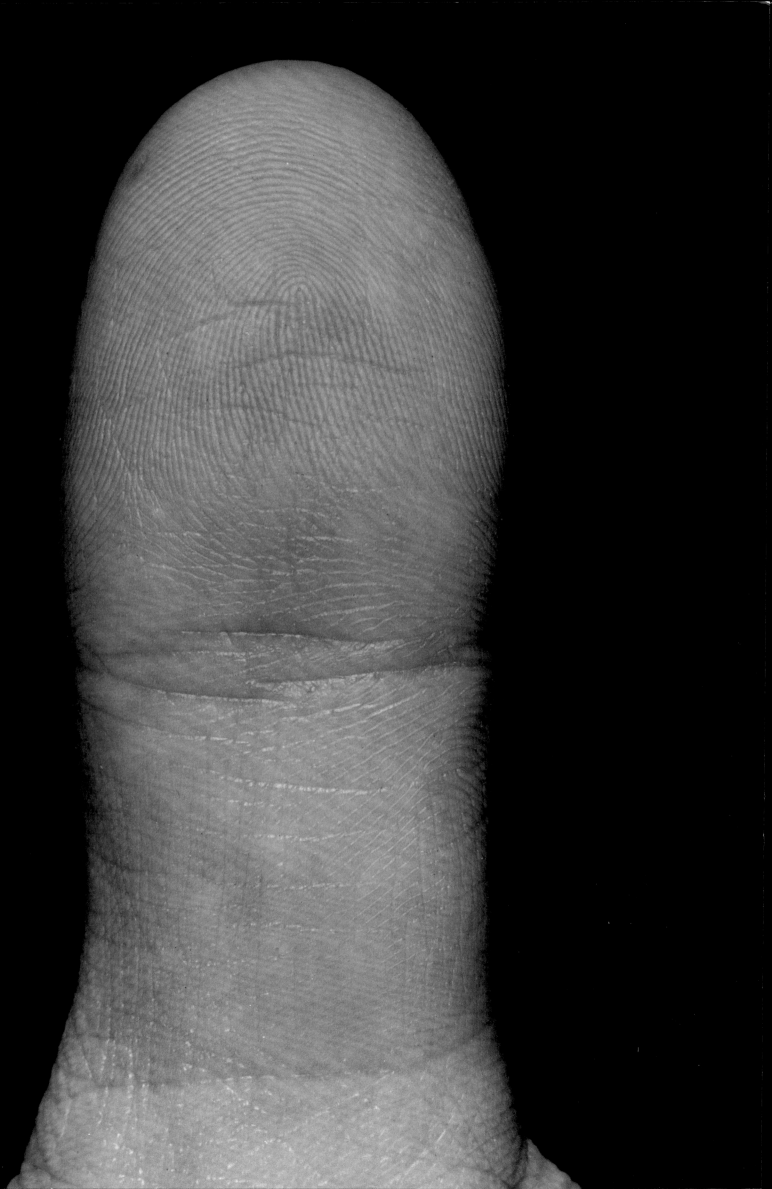

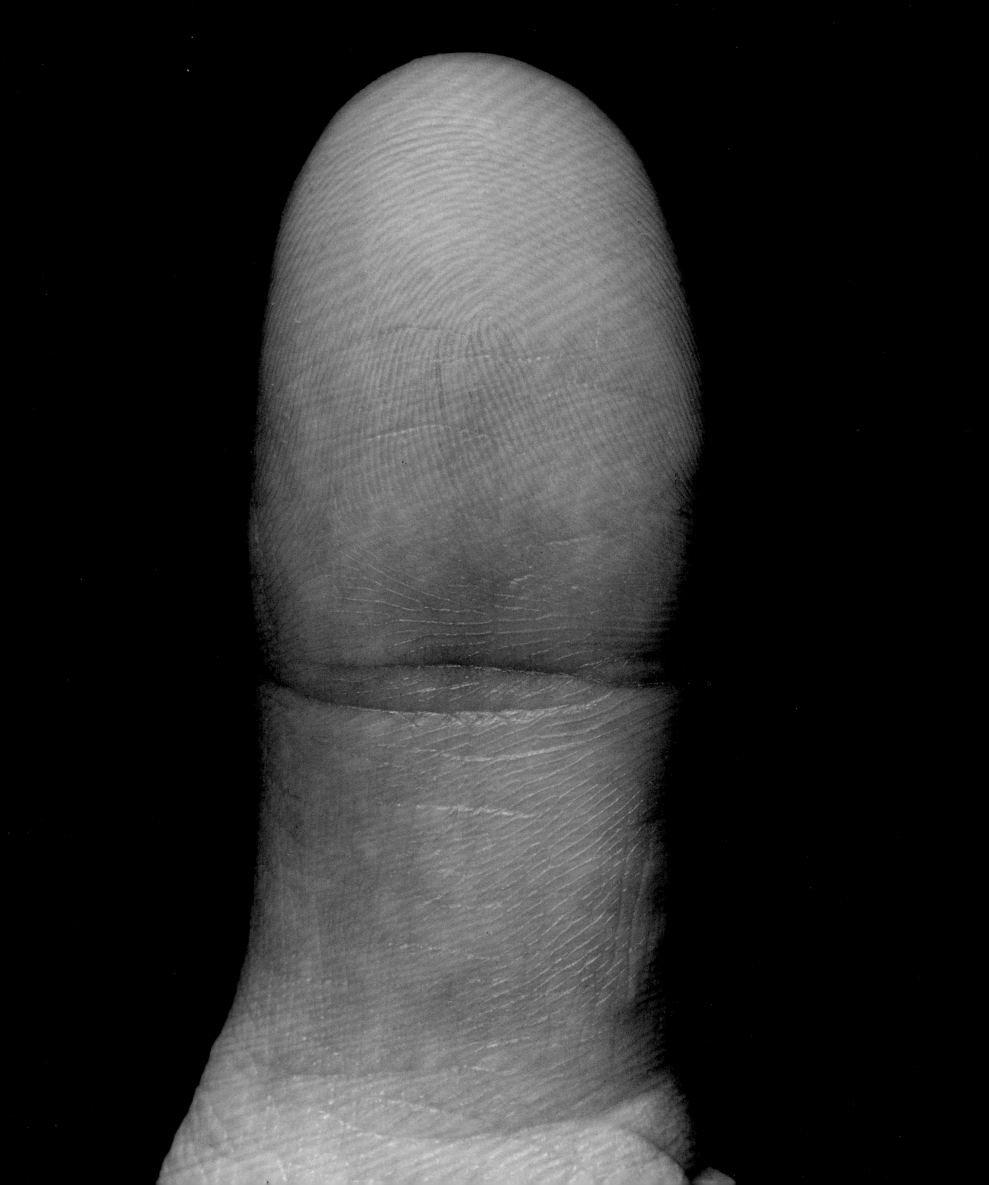

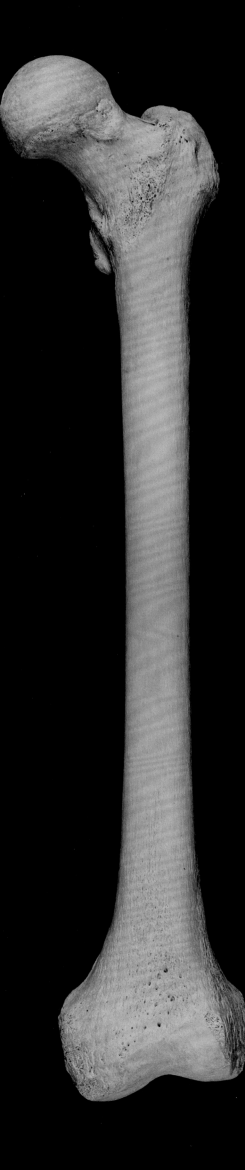

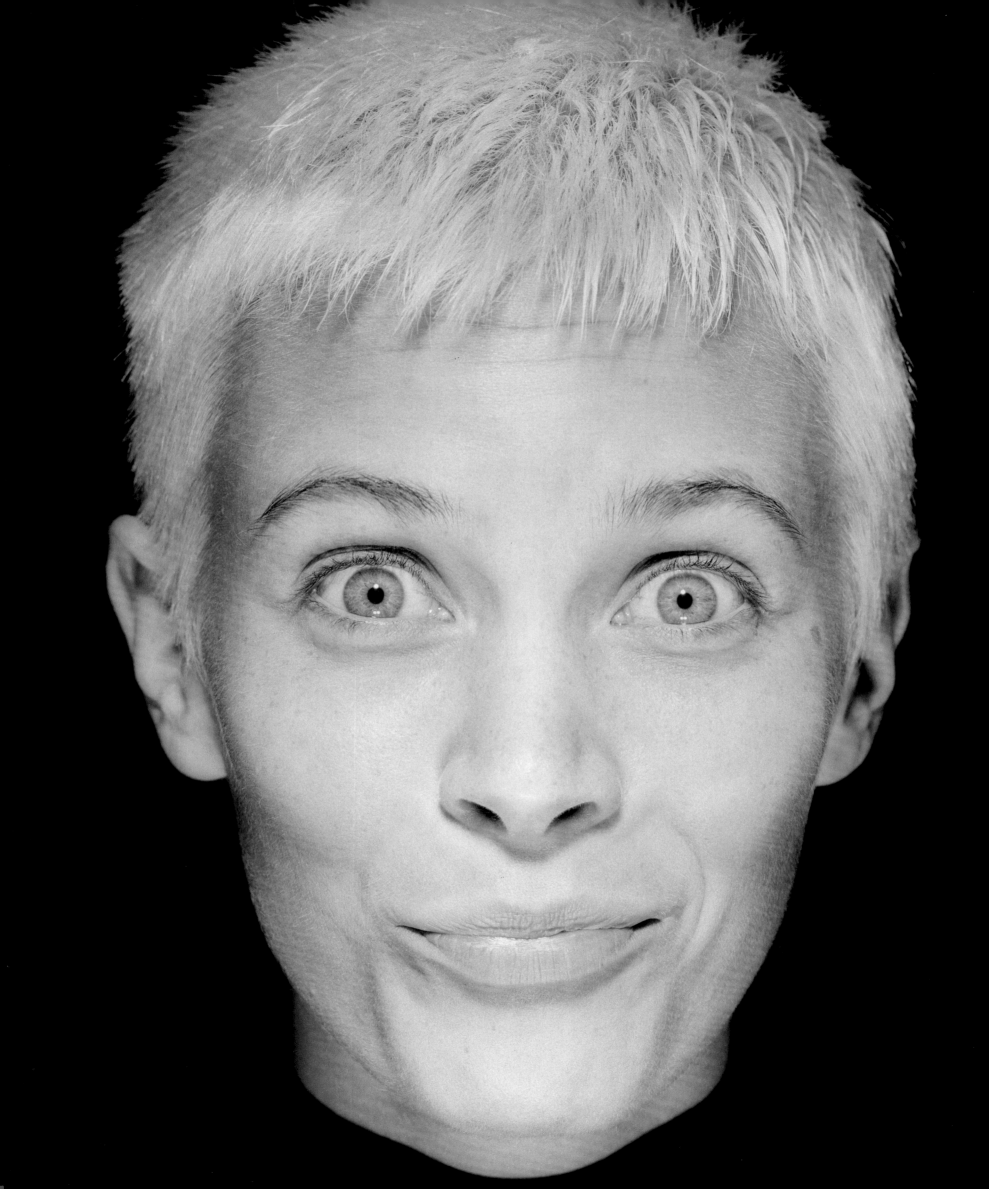

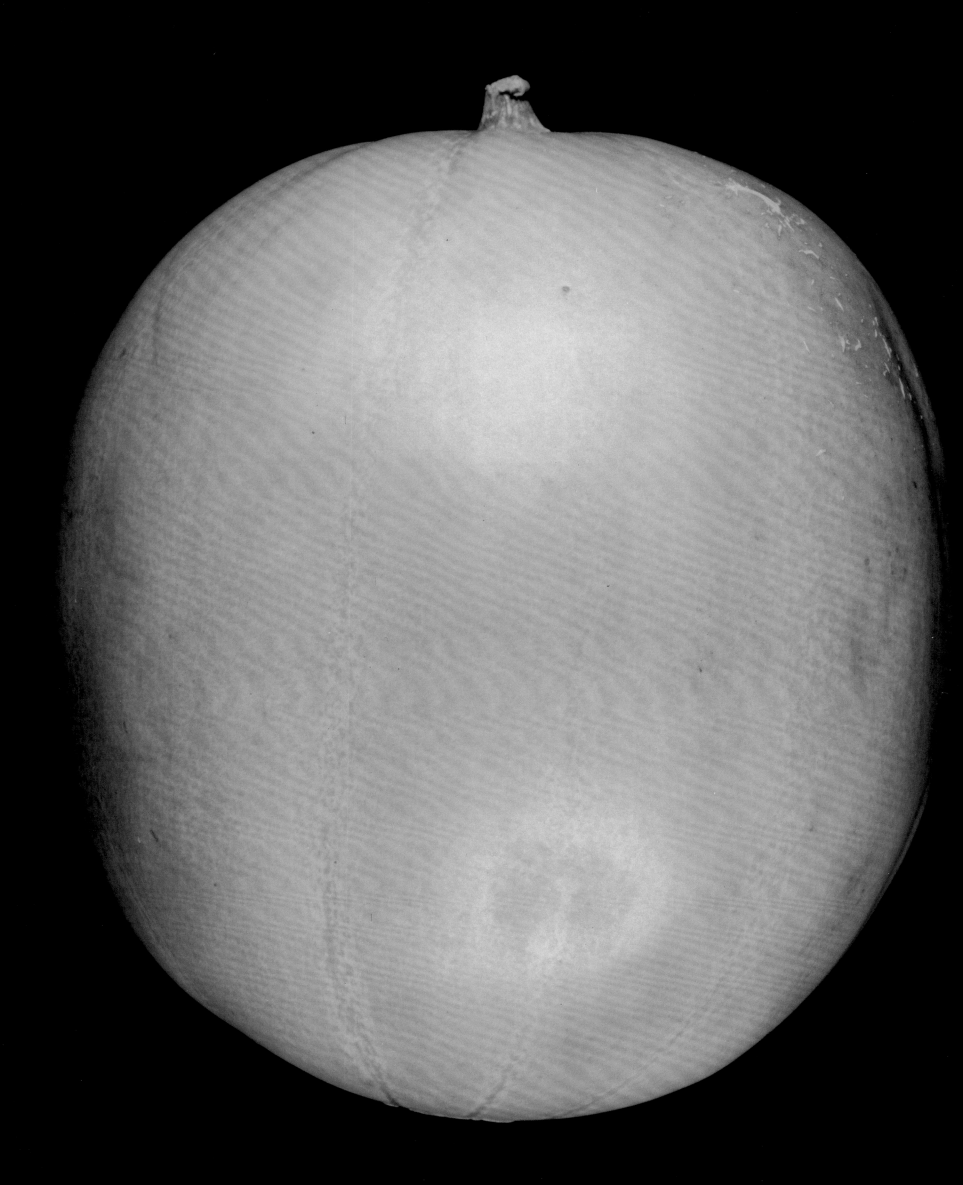

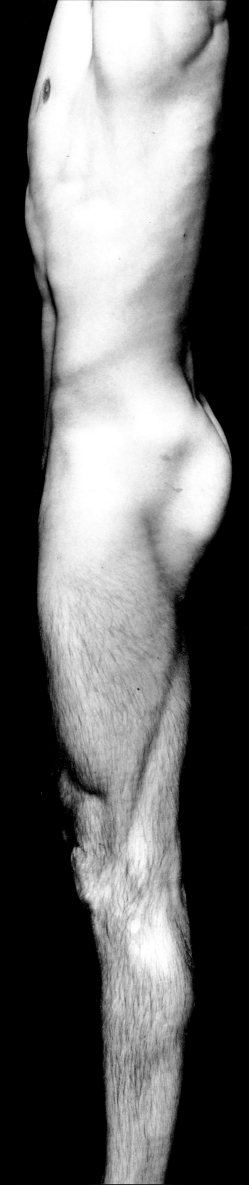

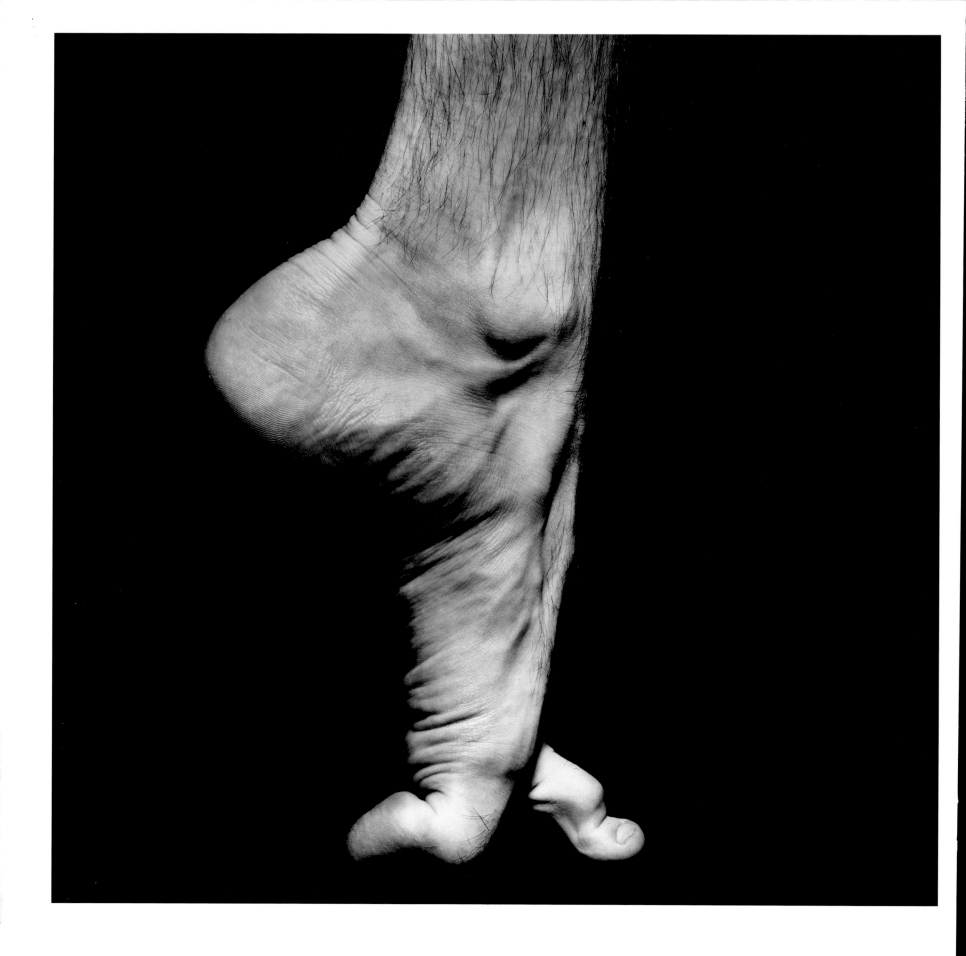

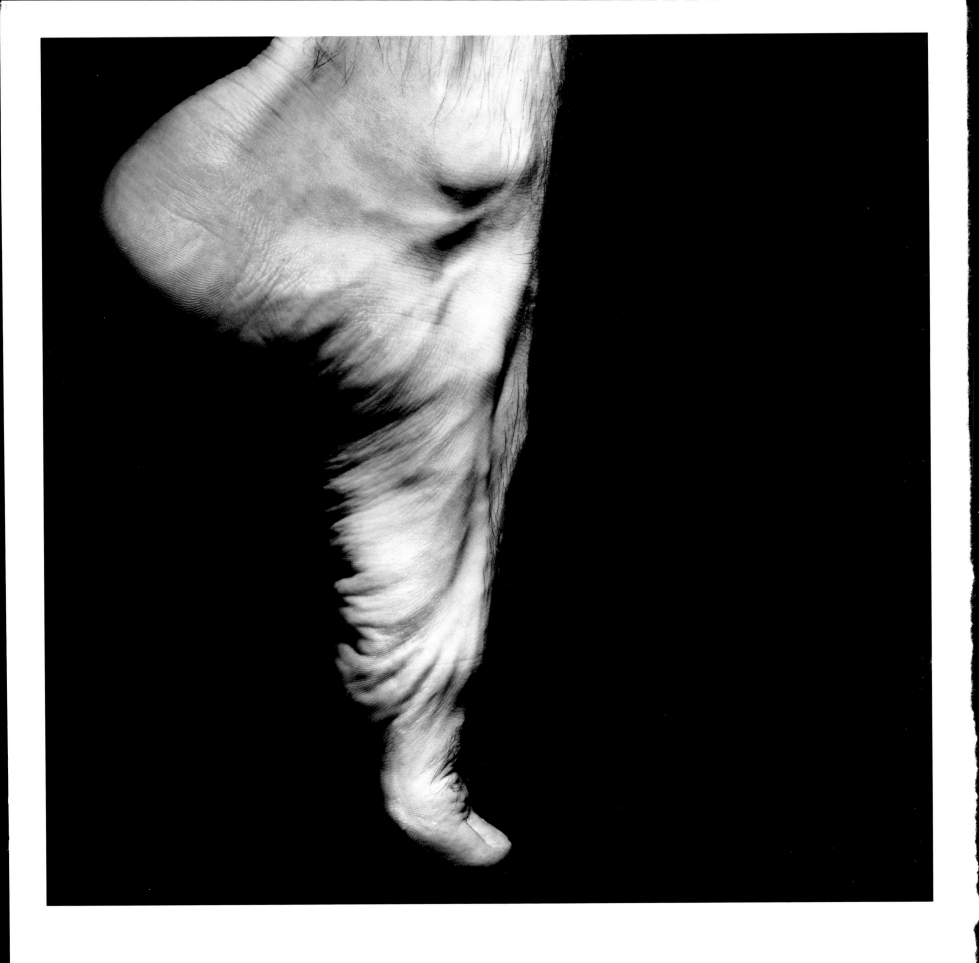

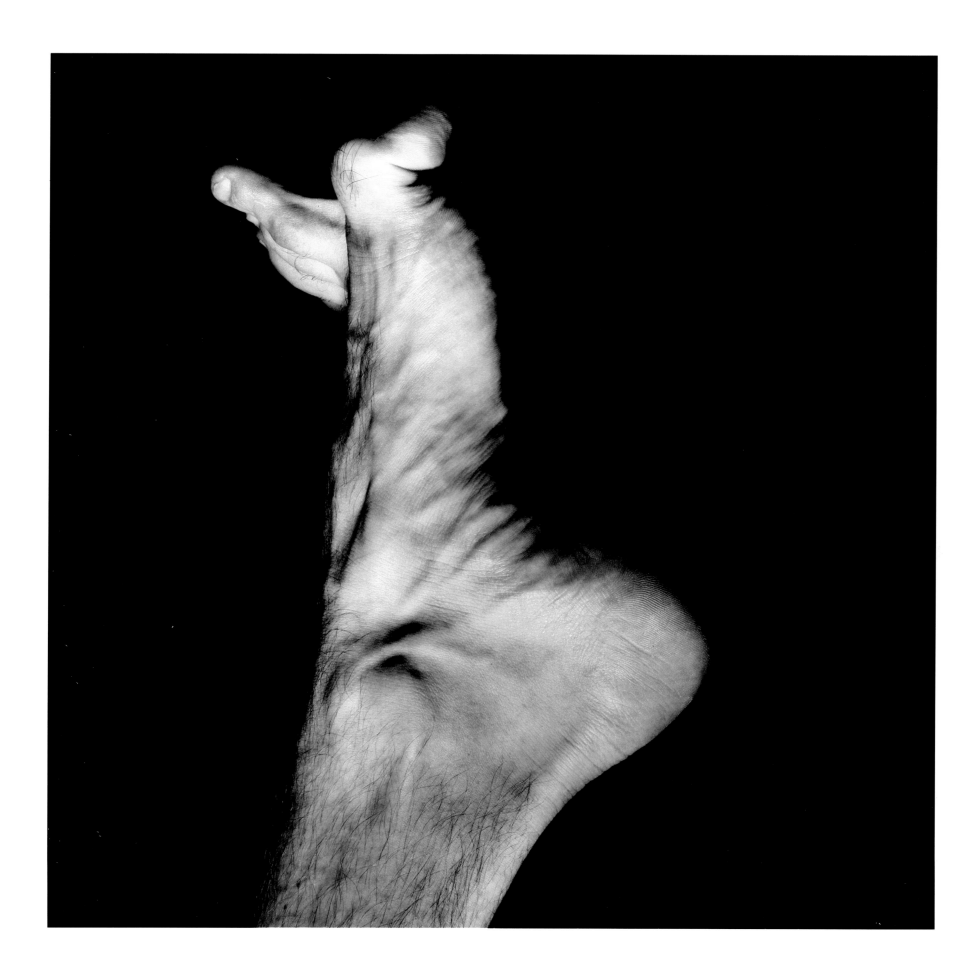

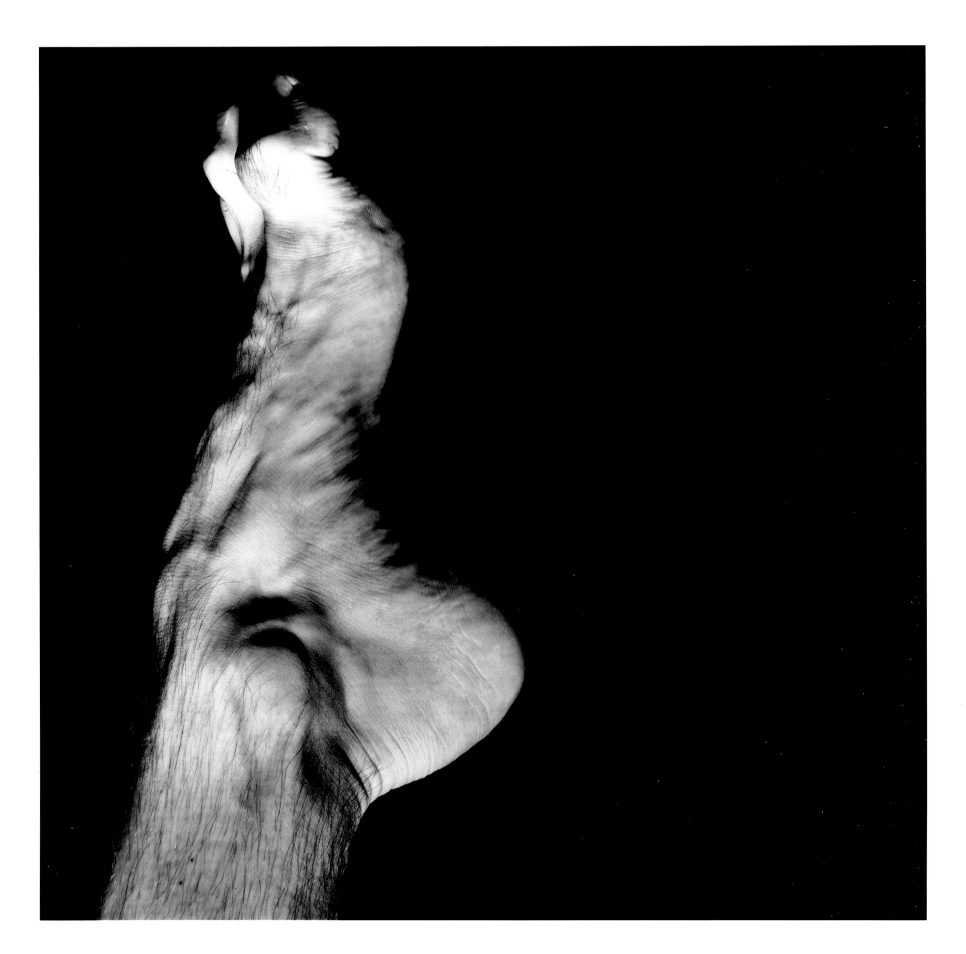

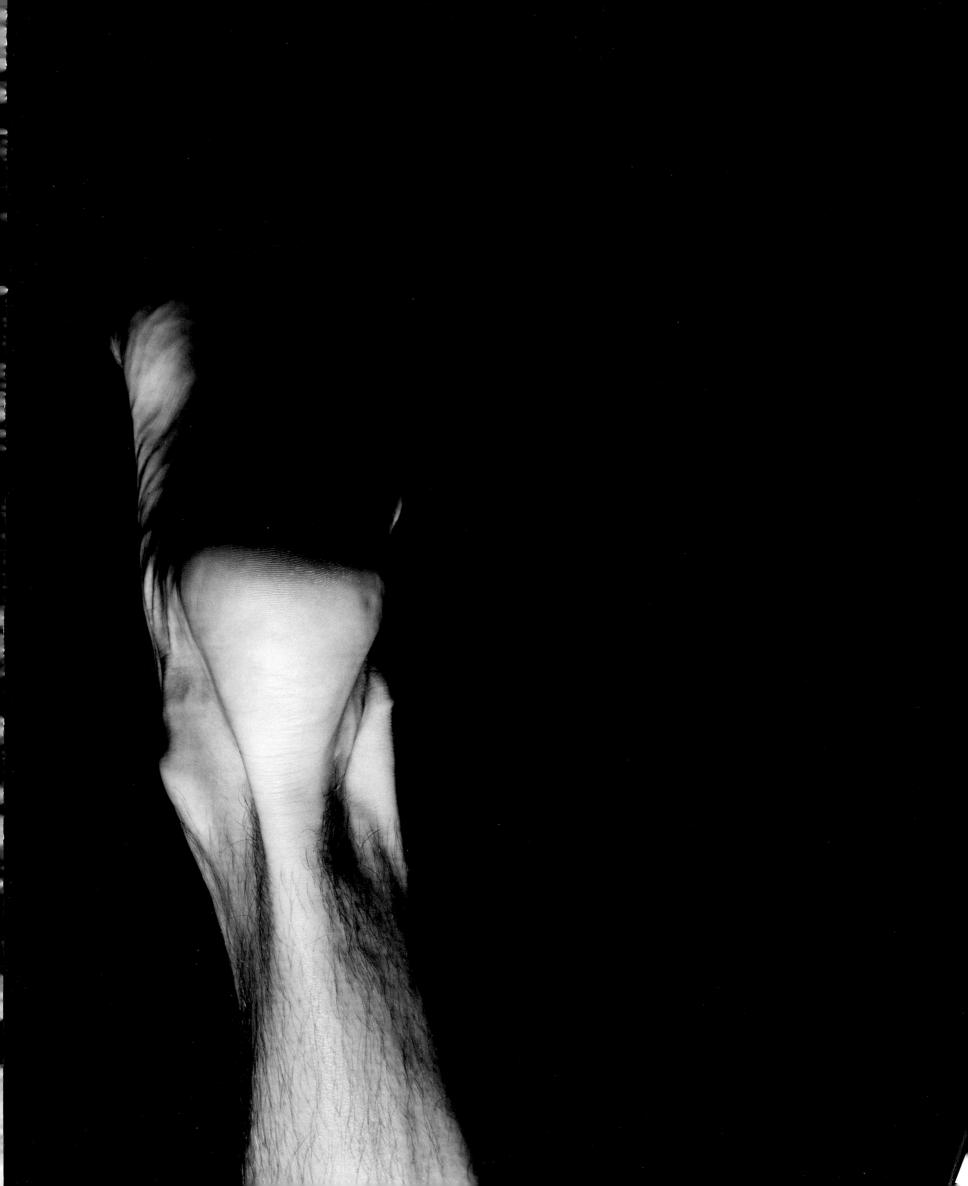

WAS AM ANFANG STEHT, DAS WAS WAHRHEIT SEIN KÖNNTE, BEVOR DAS ÜBERSCHWENGLICHE MIENENSPIEL DES GESICHTS DEN BLICK AUF DAS URSPRÜNGLICHE VERSTELLT, BEVOR DIE VIELDEUTIGKEIT EINES OBJEKTS DURCH HINZUFÜGEN VON REQUISITEN HERBEIGEFÜHRT WIRD, DAS IST DER MOMENT, DEN ICH SUCHE.

ICH FOTOGRAFIERE FRÜCHTE, BLUMEN, DEN MOND; ELEMENTE DES LEBENS, WOBEI ICH DIESE NICHT IN AKTIONEN VERWICKELN MÖCHTE, VIELMEHR REDUZIERE ICH IHRE ERSCHEINUNGSVIELFALT, UM IHREN SCHWERPUNKT, DAS ZENTRUM, ZU FINDEN.

MEIN HAUPTINTERESSE GILT DEM AKT (OHNE KOPF) UND GESICHTERN. FÜR ALLE AUFNAHMEN, IM BESONDEREN FÜR DIE AKTE, MACHE ICH SKIZZEN, AUF DENEN DIE POSITION DES KÖRPERS GENAU FESTGELEGT IST. ES IST FÜR MICH SEHR WICHTIG, SKIZZEN ANZUFERTIGEN, ES GIBT MIR GANZ EINFACH DIE SICHERHEIT, KEINE MEINER IDEEN ZU VERGESSEN. DIE SKIZZEN LIEGEN WÄHREND DES FOTOGRAFIERENS IM STUDIO GLEICH NEBEN MIR AUF

EINEM KLEINEN, FAHRBAREN DINETTE-ANRICHTE-TISCH, AUF DEM MIR MEINE MUTTER WÄHREND DER ÜBLICHEN KINDERKRANKHEITEN TEE UND ZWIEBACK SERVIERTE. IRGENDWIE HÄNGE ICH AN IHM, WAHRSCHEINLICH, WEIL ICH IMMER WIEDER GESUND GEWORDEN BIN.

IN DER REGEL HABE ICH FÜR JEDEN FOTOTERMIN 5 – 10 VERSCHIEDENE POSEN AUFGEZEICHNET. ANWEISUNGEN FÜR LICHT UND ANDERE TECHNISCHE DATEN SIND EBENFALLS VERMERKT. OHNE DIESES STÜTZKORSETT, DAS MIR HILFT, EINE EXAKTE VORSTELLUNG DES BILDES ZU ENTWICKELN, NOCH BEVOR ICH ES FOTOGRAFIERT HABE, WÄRE EIN ERNSTHAFTES ARBEITEN NICHT DENKBAR. BEVORZUGT ARBEITE ICH MIT LAIENMODELLEN; LEUTE VON DER STRASSE ODER FREUNDE VON FREUNDEN. ES IST SCHWIERIGER MIT LAIEN ALS MIT PROFESSIONELLEN MODELLEN ZU ARBEITEN, WEIL ICH IHNEN JEDE NOCH SO KLEINE BEWEGUNG ERKLÄREN MUSS. VOR DER KAMERA VERLIEREN SIE OFT DURCH EINE MISCHUNG AUS KONZENTRATION und Nervosität ihr Empfinden für Gestik und Mimik. Doch wenn der richtige Ausdruck gefunden ist, dann ist er glaubhaft. Viele der professionellen Modelle büssen durch ihre Kameraerfahrung ihre Natürlichkeit ein und nur den allerbesten unter ihnen gelingt es, Glaubwürdigkeit mit Professionalität zu verbinden.

Während des Fotografierens erarbeite ich durch präzise Anweisungen an das Modell die Form, die ich vorher zu Papier gebracht habe. Ich bin mir meiner Ideen und Vorstellungskraft so sicher, dass ich fast nie die Improvisation benötige, um die Bilder zu verbessern oder zu verändern.

Wenn ich allerdings Gesichter fotografiere, helfen auch die besten Skizzen nicht. Ein Körper kann mit Hilfe des Verstandes kleine Anzeichen der Unsicherheit überspielen, um die gewünschte Pose einnehmen zu können. Aber das Potential der Mimik ist zu gross

und zu veränderbar, zu vieldeutig in seinen Bedeutungsnuancen, als dass ich einen bestimmten Ausdruck einer fremden Person vorher so genau festlegen könnte.

Es ist wichtig, den Modellen von vorneherein das Gefühl zu geben, dass man selbst weiss, was man will, um so in abwechselndem Nebeneinander von Anweisungen und Betätigungen die Mimik zu einem Gesichtsausdruck zu führen, der mir sagt: Das ist ein Bild. Dann höre ich auf zu fotografieren.

Nichts liegt mir ferner, als die Persönlichkeit, die sich hinter den charakteristischen Zügen eines Gesichts verbirgt, herauszuarbeiten. Vielmehr hat irgendetwas an ihm einen Ausdruck, der eine für mich von der Person abtrennbare, archetypische Vollkommenheit birgt, die ich sichtbar machen möchte.

Ich habe mich in den letzten Jahren mit der Kunst der späten Gothik und frühen Renais-

SANCE AUSEINANDERGESETZT. IM BESONDEREN MIT ROGIER VAN DER WEYDEN, DESSEN GEBURTSJAHR DIESEM BUCH SEINEN TITEL GIBT. SEINE KUNST, ABER AUCH DIE SEINER ZEITGENOSSEN, HAT MICH ZU VIELEN BILDERN IN DIESEM BUCH ANGEREGT. DIE ELEMENTE AUS REINHEIT, UNSCHULD, BRUTALITÄT UND SEX, ABER AUCH UND VOR ALLEM DIE SUCHE NACH VOLLKOMMENHEIT, DIE DIESE BILDER BEINHALTEN, HABEN MIR DURCH IHRE INTENSITÄT UND DARSTELLUNGSWEISE GEHOLFEN, MEINE FRAGEN AN DAS SEIN BESSER ZU ARTIKULIEREN UND FÜR MICH TRANSPARENTER ZU MACHEN.

ICH SUCHE DIE NATÜRLICHE RELIGIOSITÄT DES SEINS, WOBEI RELIGIÖS ÜBERHAUPT NICHTS MIT DER RELIGION DER KIRCHE ZU TUN HAT. ES IST VIELMEHR EINE KRAFT, DIE SICH AUS DEN WESENSZÜGEN JEDES EINZELNEN DINGES UND DESSEN SCHÖNHEIT HERLEITEN LÄSST, DIE MICH ZU MEINEN GEDANKEN HINFÜHRT UND MEINE ARBEITEN ENTSTEHEN LÄSST.   MÜNCHEN, SEPTEMBER 1990

ES IST MIR EIN BESONDERES ANLIEGEN, HERRN PROFESSOR WILHELM HORNBOSTEL, LEITER DES MUSEUMS FÜR KUNST UND GEWERBE HAMBURG, ZU DANKEN, DER DURCH SEINEN AUSSERGEWÖHNLICHEN EINSATZ UND SEINE AUFGESCHLOSSENHEIT MEINER ARBEIT GEGENÜBER EINEN GROSSEN ANTEIL DARAN HAT, DASS DIESES BUCH MÖGLICH WURDE.

HERZLICHEN DANK DER FIRMA TONI GARD FÜR IHRE WERTVOLLE UNTERSTÜTZUNG.

DIRK, ICH DANKE DIR, DASS DU DICH HAST BESTEHLEN LASSEN; UM FÜNF TAGE UND EIN FUSSBALLSPIEL.

ICH DANKE DIR, CARLO, FÜR DEINE WERTVOLLE MITARBEIT UND FÜR EINIGE DER REIZVOLLSTEN MOMENTE WÄHREND UNZÄHLIGER FOTOPRODUKTIONEN.

MEINEN LIEBEN DANK AN JEMANDEN, DEN ICH LEIDER NUR SEHR SELTEN SEHE, DER ABER DENNOCH HILFT, WENN MAN IHN BRAUCHT.

„24" „25"

Der Dreikönigsaltar von Rogier van der Weyden (Eichenholz, 138 x 293 cm, Alte Pinakothek, München). Die Seiten 13 und 79 zeigen einen Ausschnitt des linken Altarflügels: Verkündigung an Maria.